Un pavé dans la culture

L'urgence d'un nouveau souffle de la politique culturelle –
la controverse de Monum,

Du même auteur :

« **L'élan culturel, la France en mouvement, PUF 1987** ».

Jacques RENARD

Un pavé dans la culture

L'urgence d'un nouveau souffle
de la politique culturelle –
la controverse de Monum,

L'Harmattan	**L'Harmattan Hongrie**	**L'Harmattan Italia**
5-7, rue de l'École-Polytechnique	Hargita u. 3	Via Bava, 37
75005 Paris	1026 Budapest	10214 Torino
FRANCE	HONGRIE	ITALIE

© L'Harmattan, 2003
ISBN : 2-7475-3661-0

SOMMAIRE

Introduction..11

Chapitre I
La passion de la culture...................................17

Chronique d'un itinéraire....................................17

« Indépendant » ?..20

Profil administratif ou politique ?.......................24

Gardez-moi de mes amis.....................................30

Chapitre II
Monum : Le projet..37

De la « caisse » à Monum...................................37

Pour un patrimoine vivant...................................42

Le patrimoine pour tous les publics....................45

Dans les soutes..50

Vous avez dit Monum ? 52

Chapitre III
Chronologie d'un déboulonnage............................55

Un début prometteur..55

Monum, ça marche..58

Le temps du trouble...61

Björk à la Sainte-Chapelle.....................................65

La patrouille de l'inspection 67

La tempête..69

L'Hallali...72

Chapitre IV
L'enfermement patrimonial..............................77

Les professionnels de la profession..........................77

Les vêpres du patrimoine......................................82

Cachez ce jaune que je ne saurais voir......................90

Et la société ?..93

Chapitre V
L'affaiblissement du ministère de la Culture............97

La fin d'un cycle..97

Vieux dans la tête..101

Pas de vagues !...109

Chapitre VI
L'archaïsme de l'Etat..................................113

L'urgence...113

L'inventaire à la Prévert....................................116

Les vérités qui ne sont pas bonnes à dire..................128

Chapitre VII
Les raisons d'espérer..................................139

L'impasse...139

Le rebond...144

L'ouverture..154

Chapitre VIII
Pour un nouvel élan culturel..........................167

L'argent d'abord ?..167

Goût : le risque...171

Profession : éclaireur....................................179

Recherche : liaison.......................................186

Une Europe sinon rien !................................191

Conclusion..197

INTRODUCTION

Monum, ! Le Centre des Monuments Nationaux, établissement public national... C'est à dire l'ancienne Caisse Nationale des Monuments Historiques et des Sites, vénérable et prestigieuse institution créée en 1914 et qui, en 2000, au tournant du siècle, a changé d'appellation, de statuts et de responsables.

Le 16 mai 2000, j'en ai été nommé le nouveau président. Le 25 mars 2002, j'ai démissionné – plus exactement l'autorité ministérielle m'a demandé de rendre mon tablier – à l'issue de tensions internes et surtout, d'une campagne de presse qui a agité pendant plusieurs semaines l'administration culturelle ainsi que les milieux professionnels.

Que s'est-il donc passé ? Quel séisme a bien pu secouer une institution dévolue à la mise en valeur du patrimoine monumental de l'Etat, qui jusqu'ici, n'était guère sous les feux des projecteurs de l'actualité, et vivait comme marginale, presque léthargique, à l'écart des débats culturels et des préoccupations politiques ? « La belle endormie ... » me disait-on avant que je ne prenne mes fonctions. Alors pourquoi celle-ci s'est-elle retrouvée soudain dans l'œil du cyclone, balayée à ce point par des vents contraires que sa réputation s'en trouvait, paraît-il, en cause et que le président et son équipe étaient brocardés et vilipendés par certains commentateurs ?

Et en effet, j'ai été calomnié, insulté, traîné dans la boue : « erreur de casting », « Ceausescu », « incompétent », « il déteste le patrimoine », « gabegie... ». Tels sont quelques extraits du florilège verbal déployé à mon intention, de la litanie protestataire déclamée pour m'abattre.

Il est fréquent que l'action d'un ministre fasse l'objet de polémiques, y compris virulentes. C'est, peut-on dire, la règle du jeu et le risque du métier. Le fait est en revanche très inhabituel pour un président d'établissement public, lequel exerce certes des responsabilités non négligeables, dotées souvent d'une certaine visibilité médiatique, mais qui demeurent de nature essentiellement administrative, et non politique.

Quels intérêts ai-je pu toucher, quels enjeux d'importance ont été soulevés pour que mon action suscite des réactions aussi passionnelles ?

C'est à ces questions que ce livre tente de répondre. Le travail d'écriture est pour l'auteur un exercice d'élucidation, de remise en ordre, de reconstitution d'une histoire dont il a été l'acteur principal, mais que parfois, dans les soubresauts et les rebondissements de celle-ci, il a eu le sentiment de vivre en simple témoin, comme si un halo d'irréalité venait recouvrir la froideur glacée des faits et l'inéluctabilité de la fin.

C'est aussi un travail de deuil : deuil d'une action menée avec enthousiasme, deuil d'un projet passionnant, pour lequel mes collaborateurs et moi-même nous sommes investis sans compter ni notre peine ni nos heures, deuil de surcroît d'une aventure dont les premiers résultats concrets, bien loin d'être négatifs, étaient au contraire positifs et prometteurs, et ce n'est pas là l'une des moindres contradictions de ce singulier dossier.

La belle endormie ? Le projet de Monum – Monum, label ? marque ? nom de code ? J'y viendrai dans les pages qui suivent – était de la réveiller. Ce projet, sciemment, implacablement, a été descendu en plein vol.

Que le lecteur me permette une considération personnelle. Jusqu'ici crédité d'un parcours professionnel somme toute enviable, et ayant eu la chance d'exercer des responsabilités importantes dans l'administration culturelle, serais-je *ipso facto* devenu *persona non grata*, coupable de je ne sais quels errements, victime expiatoire des turbulences, car seul serait impardonnable le fait même du désordre - peu importe la cause ! – dans un environnement voué à la sérénité, au consensus, à la perpétuation des habitudes et à la préservation des acquis ?

Ce livre n'est pas un règlement de comptes. Certes la tentation a existé au moment de prendre la plume car les plaies sont encore vives. Ne devrais-je pas dénoncer les opposants qui se sont rassemblés en une coalition hétéroclite pour mettre fin à cette entreprise et ont comploté et manipulé sans vergogne, n'hésitant pas à user des moyens les plus contestables sur le plan de la morale ou de l'éthique du service public ? Ne faudrait-il pas pointer du doigt ceux qui par leur rôle, leur influence ou leur statut, auraient du rappeler à l'ordre, rétablir les faits, ramener à la raison, et ne l'ont pourtant point fait ? Ne serait-il pas juste de dénoncer les petites ou grandes trahisons, les retournements de veste opportuns, car hélas il y en a eu, les vilenies et les rancœurs au quotidien, tout cela transformant provisoirement le microcosme du patrimoine en un petit théâtre d'ombres, et quelques-uns de ces protagonistes, en un condensé de ce que la nature humaine peut porter en elle de vil et de sinistre. Pourtant, lister la somme de ces faiblesses, pointer ces médiocrités quelquefois stupéfiantes, citer les noms, c'est s'abaisser, c'est en définitif se mettre au même niveau que les contempteurs, c'est leur donner raison. Il n'y faut pas céder.

Le propos de cet ouvrage est, en tentant de prendre quelque distance avec les évènements, d'aborder avec sérénité les problèmes de fond, et en premier lieu celui-ci : quelle peut-être aujourd'hui la politique de mise en valeur du patrimoine et qu'induit-elle ? Le patrimoine est l'un des éléments qui permettent de définir le rapport à l'histoire d'une société. Il est le ciment de la mémoire collective. Tandis que la mondialisation est à l'œuvre, chacun de nous aspire simultanément à davantage d'universalité et davantage de particularité. Le patrimoine relève de défis communs à tous, tels que l'identité individuelle et nationale, ou encore la consolidation du lien social. A ce titre il peut être le gage du meilleur comme du pire, la source de nouvelles créations et de l'ouverture à l'autre, ou le signe du repli sur soi et de la dérive identitaire. L'enjeu patrimonial est éminemment politique.

Cet ouvrage a aussi d'autres buts. Il est, au-delà du seul patrimoine, d'évoquer l'état des politiques culturelles dans la France de ce vingt-et-unième siècle commençant. De nombreux ouvrages ont été consacrés à ce sujet depuis la création du ministère de la Culture en 1958 sous l'égide d'André Malraux. Lorsque la gauche est arrivée au pouvoir en 1981, un fort élan a été donné à l'action publique grâce à l'impulsion de François Mitterrand et de Jack Lang, et la politique culturelle a été particulièrement mise en exergue. Cependant, les questions de culture ont été plutôt absentes des récents grands rendez-vous électoraux, les élections municipales en 2001, présidentielle et législative en 2002. Le soufflé est retombé. C'est que la politique culturelle de l'Etat est à présent dans l'impasse, comme si un consensus mou, l'incantation récurrente d'un impératif culturel auquel tous les partis se rallient mais qui en fait n'intéresse plus grand monde, cachait la réalité d'un ministère de la Culture fatigué et désabusé, et de collectivités territoriales exsangues.

L'exception culturelle, la défense du service public, le soutien à la création et au patrimoine : ces principes fondateurs ne sont-ils plus à présent que des paravents commodes pour dissimuler l'épuisement des volontés et l'absence d'idées nouvelles ? Alors, pourquoi et comment peut-on relancer la politique culturelle ?

Cette dernière n'est au reste pas seule en cause. Ses blocages renvoient au mode de fonctionnement de l'Etat, à son rapport avec la société civile, aux mutations technologiques, économiques, sociétales. La panne du ministère de la Culture, administration petite et légère au regard des mastodontes de la Défense, de l'Education Nationale ou de l'Economie et des Finances, exprime à sa manière, le manque de sursaut de l'Etat devant les changements du monde. La réforme de l'Etat, toujours souhaitée, sans cesse inscrite à l'ordre du jour, est imperturbablement reportée. Ce livre veut aussi en apporter un témoignage.

Est-il encore possible dans « l'appareil culturel » de l'Etat d'aujourd'hui de porter un projet novateur, d'emprunter des chemins nouveaux, d'abolir des frontières ? C'est cette interrogation qui sert de fil conducteur à ma réflexion.

Toute action enfin, s'inscrit dans des mécanismes de pouvoir et interpelle des rapports de force. Quelles sont réellement les marges de manœuvre ? Quel degré de changement est acceptable par un système, quel qu'il soit ?

Faut-il se contenter de gérer avec prudence et parcimonie pour éviter de se mettre en danger ? Pour durer en bref, faut-il au mieux se limiter à des petits pas, au pire se soumettre ?

On le voit, les avatars de Monum trouvent quelque résonance avec les difficultés plus générales que connaît notre pays. La France déboussolée, la France dépressive, la France en quête de repères... L'échec du projet de Monum est, à sa façon et à sa petite place, symptomatique. C'est ce qui fait son actualité.

CHAPITRE I

La passion de la culture

Chronique d'un itinéraire

J'ai dédié ma vie professionnelle à la culture par choix, par goût.

Je fais partie de la génération de Mai 68. Sartre, Camus, Malraux nourrirent mon adolescence. En ce mois de mai-là, j'étais en Hypokhâgne au lycée Henri IV, il me suffisait de descendre la rue Soufflot et de bifurquer vers le boulevard Saint-Michel pour me retrouver à la Sorbonne... Comme bien d'autres, j'étais gagné par la passion de la littérature, du débat intellectuel, des affaires publiques. Nous avons voulu changer le monde. La ferveur révolutionnaire et l'adhésion aux grandes utopies mobilisatrices se révélèrent la transposition sur la scène publique de la recherche de soi. Mai 68 n'a pas provoqué de transformation économique et sociale, mais a accéléré la mutation de la société française sur le plan culturel. En bien pour ceux, dont je suis, qui pensent que la remise en cause d'un certain ordre moral, la libération de la femme, l'affirmation de l'autonomie individuelle en sont issues. En mal, pour ceux qui voient dans l'affaissement des valeurs véhiculées par la famille, l'autorité, la religion, les signes du déclin, pourtant improbable, de notre pays.

Ensuite je fis Science Po, puis l'ENA. Par attirance pour le service public et l'intérêt général ou plutôt par clair refus de ce qui à l'époque me semblait un repoussoir, l'entreprise privée et la loi du marché. Mon rang de sortie de l'ENA me permettait de choisir des carrières réputées glorieuses dans le corps préfectoral, la diplomatie ou le ministère des Finances. Seuls les « grands corps » ne m'étaient pas offerts, parce que le préfet auprès duquel j'effectuai le stage auquel tout élève de l'ENA est astreint me trouva décidément les cheveux un peu trop longs pour convenir à l'allure bienséante que se doit d'adopter un futur grand commis de l'Etat, et en tint compte dans son appréciation à mon égard... J'optai de ce fait résolument pour le ministère de la Culture, qui s'appelait alors modestement secrétariat d'Etat à la Culture, et ce au grand étonnement de mes congénères qui se précipitèrent vers des voies plus royales. Il est vrai que quelques années auparavant, un choix similaire jugé courageux mais solitaire, avait été fait par quelques jeunes administrateurs civils, tels Jérôme Clément ou Bernard Faivre-d'Arcier.

Je suis un énarque, mais je n'aime guère ma caste, technocratie dominatrice et sûre d'elle-même. J'acquiesce à beaucoup des critiques souvent vives qui lui sont faites, et me sens davantage rebelle envers le système que solidaire de mes collègues. Cinquante ans après sa fondation, l'ENA aurait-elle cessé de répondre à sa mission première – la formation des cadres supérieurs de l'Etat – pour révéler surtout ses effets pervers, dont la création d'une superélite issue des grands corps et l'accaparement des principaux postes politiques par l'énarchie ne sont pas les moindres ? En définitive, l'ENA « *delenda est* » ? Mais supprimer l'ENA, c'est aussi affaiblir l'Etat, pour le plus grand plaisir des forces du marché et des thuriféraires de l'ultra-libéralisme. Alors comment transformer le système sans « jeter le bébé avec l'eau du bain » ? Les solutions existent et ont été souvent avancées mais jusqu'ici les velléités de changement se sont perdues dans les sables, asséchées par le conformisme ambiant, la passivité corporatiste, l'absence de volonté politique.

Je passai quatre ans à la Direction du Théâtre et des Maisons de la Culture et m'y occupai « d'interventions culturelles », terminologie quelque peu obscure qui signifiait en fait le suivi du secteur non-institutionnel et le soutien à l'innovation artistique. C'est à partir de cette époque que je pris l'habitude d'aller au spectacle deux à trois fois par semaine, voyant aussi bien les productions des théâtres nationaux parisiens que les créations nouvelles des compagnies de danse, de théâtre, ou des groupes de musique sur les scènes de banlieue. Au plaisir de la découverte s'ajouta la création d'un réseau d'amitiés et d'affinités qui est encore vivace aujourd'hui.

Ensuite, je m'occupai pendant deux ans de patrimoine, en étant responsable « de la Division des Secteurs Sauvegardés et des Ensembles Architecturaux » à la Direction de l'Architecture qui venait d'être transférée du ministère de la Culture à celui en charge de l'Urbanisme et du Logement. Le président de la Commission Nationale des Secteurs Sauvegardés était alors Robert Poujade, maire de Dijon et ancien ministre du Général de Gaulle. Cette responsabilité a manifestement échappé, on ne sait pourquoi, aux journalistes qui ont expliqué dans leurs articles que, je cite, « mon *curriculum vitae*, tout entier consacré à la création, expliquait ma détestation du patrimoine ! » J'y acquis la connaissance à la fois intellectuelle et sensible du patrimoine monumental et des principaux centres anciens des villes de notre pays, et y travaillai en bonne intelligence avec les architectes et experts chargés des secteurs sauvegardés. Ceux-ci avaient le savoir scientifique et technique, mon service et moi-même avions la maîtrise des procédures d'urbanisme, des plans de financement, des dossiers juridiques.

« Indépendant » ?

Après l'arrivée de la gauche au pouvoir en 1981, je fus appelé au cabinet de Jack Lang par son directeur de cabinet, Jacques Sallois, qui cherchait un conseiller technique à la fois bon connaisseur des problèmes du spectacle vivant et solide gestionnaire, et que j'avais connu par ailleurs au PSU de Michel Rocard, parti politique pourvoyeur d'idées de la gauche dans les années 70 et disparu depuis lors. Je fus ainsi membre du cabinet « Lang I » jusqu'en 1986 et en devins même le directeur pendant quelques semaines avant la fin de la législature.

Ce fut à maints égards la période bénie de la politique culturelle. Il ne me revient pas ici de la détailler car celle-ci a été longuement développée, expliquée et aussi critiquée par de nombreux livres et articles, et j'en ai moi-même proposé une lecture dans un essai.(1). Non seulement le budget de la culture a doublé, permettant à l'administration culturelle de disposer de moyens qu'elle n'avait jamais eus, mais encore, dans ce secteur laissé, il est vrai, en friche par les gouvernements précédents en dépit d'efforts parfois méritoires tels ceux de Jacques Duhamel ou de Michel Guy, de nombreuses initiatives ont été lancées, des politiques nouvelles ont été bâties, des champs délaissés ont été explorés. Oui, ce fut une période foisonnante, et donc rare.

Jack Lang avait des idées et savait aussi capter celles des autres, faisant le tri avec finesse parmi toutes les suggestions qui lui étaient faites. Il s'était entouré d'une équipe de collaborateurs aux personnalités contrastées mais dont chacune, dans son propre registre, s'avéra très souvent hors pair : Claude Mollard, Maurice Fleuret, Christian Dupavillon, Robert Abirached, Dominique Wallon, Jean Cazès... Son cabinet fut ainsi une sorte de ruche

---

(1) « L'élan culturel, la France en mouvement, PUF 1987 ».

bourdonnante, de laboratoire fonctionnant à plein régime dont presque chaque jour sortait un projet nouveau. Et ce projet, bien loin de rester à l'état de simple intention ou de lubie, se trouvait réalisé quelques semaines ou mois plus tard, au besoin au forceps et même avec quelques cris ou pleurs. A l'arrivée, les résultats étaient là, concrets, incontestables.

Quant à moi, j'avais alors une trentaine d'années. Le jeune conseiller technique que j'étais, découvrit les arcanes du pouvoir et apprit beaucoup. J'étais chargé de superviser les secteurs du théâtre, de la musique, de la danse, de l'action culturelle et contribuais aussi à l'élaboration de la très importante loi de 1985 sur les droits d'auteurs et les droits voisins. Je participais à une aventure exaltante et à la construction d'une nouvelle ère de la politique culturelle. N'était-ce pas ce que j'avais souhaité ? De surcroît, j'eus la chance de côtoyer des personnalités exceptionnelles dont je n'imaginais même pas, quelques années plus tôt, que je pusse leur devenir familier, telles-que Georgio Strehler, Charles Trenet, Antoine Vitez, Melina Mercouri...

J'appris peu à peu à connaître Jack Lang. Nous sommes très différents l'un de l'autre. Sa personnalité flamboyante et son souci permanent des médias en ont agacé plus d'un, tentés alors d'estimer son action plus superficielle que profonde : ce fut le thème des paillettes. Mais perfectionniste, exigeant, Jack Lang était aussi un gros travailleur connaissant parfaitement ses dossiers.

La force de Jack Lang, la clef de sa réussite dans un ministère dont le responsable est sans cesse sous la pression des lobbies et facilement une cible pour les journalistes, fut celle-ci : être à la fois un professionnel culturel et un vrai politique. Professionnel par ses incontestables états de service au Festival de Nancy ou à Chaillot, sa connaissance des milieux culturels, sa compréhension de la sensibilité propre des artistes. Mais un vrai politique aussi, doté d'un flair peu commun, saisissant d'emblée les rapports de force, sachant être tantôt audacieux tantôt prudent, distinguant très vite dans un dossier l'essentiel de l'accessoire, les points forts et les faiblesses.

Au début jugé comme un ministre sans avenir, ne devant sa nomination qu'à la protection présidentielle, il devint peu à peu incontournable et l'une des principales personnalités de la gauche ; l'homme avait de l'épaisseur et sut construire sa toile...

Au fond, Jack Lang comprit une chose essentielle – et aucun de ses successeurs ne montra une disposition similaire, quelles que soient leurs qualités personnelles – : faire de la politique au bon sens du terme, c'est gérer le symbolique et pas seulement administrer un domaine de compétence gouvernementale. Gouverner, c'est trancher certes, mais c'est aussi associer le peuple, mobiliser les énergies, créer un mouvement. Là où certains opposants ne virent qu'agitation médiatique ou manipulation politicienne était en fait la naissance d'un élan. Une bonne politique est le fruit d'une dialectique subtile entre la continuité et le changement, d'une alchimie secrète où se mêlent les convictions sincères et le calcul avisé. Jack Lang fut un orfèvre.

Lorsque survint la première cohabitation entre 1986 et 1988, François Leotard et Philippe de Villiers prirent les rênes du ministère de la Culture. Ils prônèrent « le mieux-disant culturel » à la télévision ainsi que le désengagement de l'Etat au profit du mécénat et des « matching grants » à l'américaine, et substituèrent au concept de développement culturel celui d'environnement culturel. Autant d'erreurs qui ne tardèrent pas à leur attirer la franche hostilité des milieux culturels...

Je devins quelques mois directeur adjoint de la Direction du Développement Culturel avant que cette direction ne fut rayée de la carte d'un trait de plume ministériel, puis me retrouvai directeur-adjoint de la Délégation aux Arts Plastiques dirigée par le regretté Dominique Bozo. Celui-ci venait d'être nommé à cette fonction par François Léotard, mais esprit indépendant, ne manifestait aucune reconnaissance particulière pour le nouveau maître du ministère. Dominique Bozo et moi, d'origine et de sensibilité différentes, étions en fait complémentaires, et nous entendions fort bien. Nous partagions une même distance ironique à l'égard du pouvoir politique, et une connivence jamais démentie dans l'évaluation des hommes et des projets. L'expertise exceptionnelle de Dominique Bozo dans l'art moderne et contemporain et l'acuité sans concession de son jugement m'étaient de plus fort précieux pour parfaire ma connaissance des œuvres et de l'histoire de l'art...

Après la réélection de François Mitterrand, ce fut de 1988 à 1993 « Lang II ». Je fus nommé directeur-adjoint d'un cabinet dirigé de façon énergique et compétente par Francis Beck, mais voulus devenir directeur du Théâtre et des Spectacles. Jack Lang fit d'abord appel à Bernard Dort, figure de la profession. Malheureusement celui-ci, critique théâtral et homme de réflexion avant tout, mais peu enclin à la gestion quotidienne, se retira au bout d'un an. Jack Lang se résolut alors à me nommer, et en fit la proposition à François Mitterrand. Patatras ! Le Président de la République contredit son ministre et désigna Bernard Faivre-d'Arcier. Jack Lang me fit part de la sentence présidentielle : « Je n'ai rien contre ce Renard que je ne connais pas et qui est certainement très bien, mais Bernard Faivre-d'Arcier a été directeur du Festival d'Avignon et est actuellement disponible... » Ainsi va le destin.

Le second ministère Lang se situa dans la veine du premier, mais fut par la force des choses moins inventif. L'extension des attributions ministérielles à la communication ainsi qu'aux grands travaux, et la présence aux côtés de Jack Lang de ministres délégués et de secrétaires d'Etat changèrent aussi la donne. En 1992, je devins directeur de l'Administration Générale. C'est à dire en charge de tous les moyens du ministère : budget, ressources humaines, affaires juridiques.

Quelle est ma place dans « la galaxie Lang », qui s'est étendue et diversifiée au fil des ans, s'adjoignant de nouveaux éléments, se séparant parfois d'anciens ? Je n'appartiens pas au cercle historique des collaborateurs ou des amis qui participèrent à son aventure théâtrale. Je suis devenu l'un de ses proches et lui suis resté fidèle. Cependant la fidélité n'est et ne sera jamais pour moi l'adhésion à la cause d'une personne en raison de ses seules qualités propres, et dont il s'agirait d'emboîter le pas, quelles que soient les circonvolutions éventuelles de son itinéraire. Je suis fidèle à Jack Lang parce qu'il est fidèle à lui-même. Je suis fidèle à une vision du monde, à une capacité d'entreprendre, à l'action qu'il a menée et mène encore. Je ne suis pas un homme de clan ou de cour. J'ai ma petite part de vérité, et il m'est arrivé d'exprimer sur tel ou tel sujet mon désaccord. Cette fidélité-là n'empêche nullement d'autres affinités, d'autres échanges, d'autres solidarités. La fidélité se conjugue avec l'indépendance.

Profil administratif ou politique ?

A partir de 1993 commença la deuxième cohabitation. Jacques Toubon devint ministre de la Culture et de la Francophonie.
Trois semaines plus tard, je dus quitter mes fonctions. Le nouveau ministre ne se donna pas le temps de savoir si j'étais compétent ou pas, loyal ou pas. A ce poste de directeur

d'administration centrale, à la lisière de la fonction politique du cabinet et de la fonction administrative des services du ministère, il jugea qu'il lui fallait quelqu'un de confiance, c'est-à-dire en phase avec la nouvelle majorité de l'époque. Je reconnais parfaitement à un ministre le droit de changer les responsables de son ministère et de travailler avec des femmes et des hommes aux options politiques proches des siennes. Encore faut-il y mettre les formes et respecter la dignité des personnes que l'on évince. J'appris mon éviction par un coup de fil bien intentionné d'une personne extérieure au ministère et dont je savais les accointances avec un parti de droite : « A propos, sais-tu que le ministre t'a trouvé un remplaçant... » ?

Jacques Toubon me convoqua dans son bureau : « Je souhaite accroître les responsabilités des administrateurs civils de mon ministère. J'ai donc décidé de vous nommer directeur général de l'établissement public constructeur de la Bibliothèque de France ». Ah bon, un départ avec promotion ? Trop aimable, monsieur le ministre. C'est louche. Deux jours après ladite nomination, j'appris la création d'une mission destinée à poser les bases de la fusion entre les deux établissements qui se regardaient en chiens de faïence, l'ancienne et vénérable Bibliothèque Nationale sise au quadrilatère Richelieu en plein cœur de Paris, et la nouvelle structure créée pour construire la bibliothèque sur le site de Tolbiac décidée par François Mitterrand.

Echec et mat ! La mission devait durer six mois, et il était évident qu'au terme du processus, l'équipe de l'établissement constructeur serait appelée à céder sa place au profit d'autres dirigeants. La bibliothèque de Tolbiac était en effet présidée par Dominique Jamet, mal vu des conservateurs de bibliothèque de l'ancienne « B.N. », pour cause de modernité, et mal vu du nouveau pouvoir pour avoir pris parti pour François Mitterrand en 1988, alors que ce journaliste talentueux était classé à droite.

Je ne me fis donc aucune illusion. Pendant six mois, mon rôle fut de préparer la fusion de deux établissements, d'atténuer l'amertume des personnels de la nouvelle bibliothèque qui se sentaient grugés, et d'empêcher des grèves de protestation dans un climat social tendu. Il s'est agi d'assumer une mission de service public difficile et peu gratifiante en sachant pertinemment que les bénéfices en seraient tirés par d'autres. Je garde de cette période un souvenir quelque peu douloureux, quoique je rencontrai avec beaucoup de plaisir des équipes d'informaticiens, d'ingénieurs, de conservateurs de bibliothèques passionnés par leur tâche, habités par la mission qui leur était dévolue, convaincus de l'impérieuse nécessité de construire cette grande bibliothèque moderne et nouvelle voulue par le Président de la République.

Au 1er janvier 1994, la Bibliothèque Nationale de France, issue des deux précédentes structures, était créée, et Dominique Jamet et moi remerciés. Remercié si j'ose dire : personne ne me dit merci. On eut le culot de me proposer un poste subalterne dans le nouvel organigramme que je refusai séance tenante.

Ensuite, ce fut la politique du silence. Je sollicitai un reclassement auprès de Jacques Toubon et de son équipe : on ne daigna répondre ni à mes lettres ni à mes appels téléphoniques. A la discourtoisie s'ajouta l'archaïsme au plan de la gestion des ressources humaines.

La traversée du désert commençait. Deux ans plus tard, Philippe Douste-Blazy, ministre de la Culture du gouvernement d'Alain Juppé ne me fit pas davantage de proposition. Il fallut changer de vie. Je fus nommé professeur-associé à l'Institut d'Etudes Politiques de Grenoble, où j'enseignai les politiques culturelles aux étudiants se destinant à une carrière culturelle, et le droit public et la culture générale à ceux qui préparaient l'ENA.

J'effectuai des missions d'études pour divers

organismes. Enfin, je devins expert-consultant au Conseil de l'Europe, afin d'évaluer les programmes culturels des pays européens. Helsinki, Moscou, Bucarest, Londres, Bratislava, Barcelone... Je parcourus l'Europe et écoutai ainsi battre le cœur du monde en pleine mutation, de la Catalogne ambitieuse et entreprenante aux ex-pays communistes de l'Europe de l'Est, frappés par le dénuement nouveau de larges couches de la population et tentés à la fois par le repli identitaire et la standardisation culturelle nord-américaine. J'ai profondément ressenti, combien, par-delà la diversité des langues, les tragédies de l'histoire, la singularité des peuples, surgissait le désir d'Europe, de « la maison commune européenne » chère à Mickaël Gorbatchev : ceci mériterait un autre ouvrage.

En 1995, j'intégrai l'équipe de campagne du candidat aux élections présidentielles Lionel Jospin. J'étais membre du parti socialiste depuis plusieurs années, mais avais toujours vécu cette appartenance politique comme pleinement compatible avec ma liberté de pensée et mon droit de critique. La guerre des « courants » qui faisait rage me laissait plutôt indifférent : je n'étais pas élu local et ne postulais à aucune fonction dans l'appareil du parti. Mon engagement était fondé sur les valeurs de la gauche, il n'était ni motivé, ni à l'inverse non plus inhibé, par les écuries présidentielles, leurs appels du pied ou leurs querelles. Cependant, pour avoir travaillé avec Jack Lang ou avoir participé au Club Espaces 89 animé par Maurice Benassayag et Françoise Castro, je fus catalogué « fabiusien » par certains ; pour avoir été au PSU autrefois et participé à des groupes de réflexion proches de Michel Rocard, je fus soupçonné d'appartenir à la « gauche américaine »... Rien de tout cela : je suis socialiste et libre d'attaches.

Je fis donc, durant cette campagne, la connaissance de Lionel Jospin que je n'avais fait que rencontrer incidemment jusqu'alors. J'eus la chance de le voir en petit comité, ou même brièvement en tête-à-tête. L'homme me plut : posé, réservé, presque timide, mais aussi capable de se détendre et de rire sans retenue ; fin politique bien sûr, mais toujours soucieux d'asseoir son opinion et ses prises de position sur un socle structuré par une exigence de rigueur intellectuelle et morale qui manifestement l'habite.

Catherine Tasca animait le comité de soutien sous la présidence de Jacques Delors. Nous nous connaissions depuis longtemps mais nous eûmes cette fois l'occasion de travailler ensemble : rédaction d'articles ou de discours, réponses aux questionnaires des organisations professionnelles culturelles, participation aux meetings. L'équipe de campagne, emportée par son élan, se prit un moment, entre les deux tours de l'élection, à croire la victoire possible. Lionel Jospin pour sa part, eut l'occasion, lors d'un débriefing postélectoral, de dire froidement qu'il n'avait jamais caressé une telle illusion, et ayant fait une candidature de « témoignage » avait pris date pour l'avenir.

Quelques temps après, je fus nommé délégué national à la Culture du PS auprès de Frédérique Bredin, elle-même secrétaire nationale, sans avoir rien demandé. Surpris, je compris que Jack Lang avait souhaité que cette responsabilité me soit confiée. Va pour la rue de Solferino…

Les partis politiques, de gauche comme de droite, reproduisent les constantes observées au niveau des gouvernements comme dans la gestion des collectivités territoriales : la culture n'est pas la première des priorités. Il serait injuste de dire que Lionel Jospin, puis François Hollande, les deux premiers secrétaires avec qui j'ai travaillé, se désintéressaient des questions culturelles, ou que les autres responsables du parti socialiste n'attachaient pas d'importance à celles-ci. Mais dans les programmes, dans l'action quotidienne, dans les enjeux de pouvoir, force est de constater que la place de la culture était et demeure modeste.

Et ce, alors même qu'un lien fort est traditionnellement reconnu entre la culture et la gauche, et que les intellectuels et les artistes sont réputés voter majoritairement en faveur du « camp du progrès ».

Par voie de conséquence et aussi parce que mon entente avec Frédérique Bredin était excellente si bien que cette dernière me faisait pleinement confiance, le délégué national à la culture que j'étais, disposait d'une vraie liberté de manœuvre.

Celle-ci ne se trouvait enfreinte que lorsqu'une prise de position publique sortait du domaine culturel *stricto sensu*, pour induire des conséquences plus générales. C'est alors que je perçus que, si le parti socialiste était à juste titre devenu un parti de gouvernement, et s'il avait prouvé qu'il était capable de gérer le pays aussi bien que la droite qui avait été au pouvoir presque sans discontinuer jusqu'en 1981, il avait aussi attrapé les travers de cette posture chèrement acquise. Un parti de gauche se doit d'être aussi un parti de protestation sociale, voire de rébellion, car la gauche, c'est cela : ne pas admettre l'ordre établi, toujours contester et remettre en cause, ne jamais se résigner. Le parti socialiste, certes toujours soucieux de défendre les valeurs de justice sociale, d'égalité et de solidarité, se montrait cependant plutôt défiant à l'égard des nouveaux mouvements sociaux ou politiques, et frileux envers les mutations spontanées de la société.

Un exemple peut l'illustrer. Les raves parties rassemblaient une partie de la jeunesse. Qu'on le déplore ou pas, le fait était là : c'était pour celle-ci une forme d'expression culturelle, hors normes par définition, clandestine par choix. La réponse de la droite était la répression pure et simple, notamment au motif que les raves parties facilitaient la surconsommation d'extazy. Je proposai au parti socialiste, non pas de faire du « jeunisme » en approuvant aussi platement que bruyamment ce type de manifestations, mais d'adopter une attitude nuancée : prôner une certaine réglementation et un code de bonne conduite de la part des organisateurs, et en contrepartie de quoi les rassemblements pourraient être admis ou autorisés. J'essuyai un refus catégorique. « Que vont dire les syndicats de policiers ? Nos élus n'accepteront pas. Priorité à la sécurité... ».

C'est tout le problème : comment à la fois capter les palpitations nouvelles de la société et répondre aux préoccupations récurrentes de larges couches de la population ? Parti à vocation populaire, « parti attrape-tout » dans les années 70, mais parti de plus en plus représentatif des couches moyennes et supérieures bien intégrées, le parti socialiste s'intéresse davantage au centre qu'à la périphérie, au respect de la règle qui rassemble qu'à la prise en compte de l'exception qui singularise. C'est sa force mais aussi sa faiblesse, conduisant notamment à l'éparpillement électoral au profit de partis d'extrême gauche ou d'extrême droite, qui ne proposent pas d'alternative crédible, mais constituent l'exutoire de revendications délaissées, d'attentes insatisfaites, d'un mal-être social diffus.

Gardez-moi de mes amis...

En avril 1997, Lionel Jospin, Frédérique Bredin et moi-même allâmes au Printemps de Bourges. Nous fûmes accueillis par l'excellent Daniel Colling, le directeur du festival, et son équipe. Le déplacement était prévu de longue date, mais l'actualité politique nous préoccupait, puisque depuis plusieurs jours circulait la rumeur de la dissolution de l'Assemblée Nationale, impliquant de prochaines élections législatives anticipées. Soudain, en déambulant dans les rues bondées de la ville, nous apprîmes la nouvelle qui se répandit comme une traînée de poudre. Jacques Chirac venait d'annoncer la dissolution. Aussitôt, happé par les journalistes, Lionel Jospin se déclara prêt au combat politique. Quelques minutes après, Frédérique Bredin et moi parvînmes à commenter l'événement en aparté avec lui. Lionel Jospin, souriant et calme, nous lâcha : « vous savez, je crains que ces élections ne surviennent un peu tôt pour nous. La gauche va assurément regagner des voix et avoir davantage de sièges de députés à l'Assemblée. Mais, il est probable que nous n'obtiendrons pas la majorité... ».

Un peu plus tard, nous allâmes saluer Jane Birkin dans sa loge, avant le début de son spectacle. En sortant, l'un des techniciens du festival vit notre petite troupe. Il s'approcha rapidement de nous, et nous apostropha « Alors, Chirac a dissous...Je n'ai qu'un mot à vous dire : revenez... Le vent est chaud ».

Je perçus une lueur dans le regard de Lionel Jospin.
Quelques semaines plus tard, il devint Premier Ministre.

C'était pour moi la perspective d'un retour rapide au ministère de la Culture, où j'espérais retrouver de nouvelles responsabilités. J'étais « en situation »... Dans les jours qui suivirent la victoire de la gauche aux législatives, profilée dès le premier tour, et tandis que les hypothèses sur le nom du nouveau responsable de la rue de Valois allaient bon train, de nombreuses personnalités culturelles ainsi que des agents du ministère de la Culture vinrent me voir, tous persuadés que j'allais jouer un rôle important dans la nouvelle configuration qui se mettait en place.

Catherine Trautmann fut désignée. Elle constitua un cabinet à connotation essentiellement « rocardienne ». Je fus immédiatement écarté. Retour aux « courants » socialistes, qui officiellement n'existaient plus mais survivaient encore dans l'ombre... Ce n'est pas médire que de constater que la garde rapprochée de la nouvelle ministre était animée d'un vif sentiment de revanche, et persuadée qu'il fallait à toutes forces prendre le contre-pied des « années Mitterrand ».

J'étais sans doute définitivement classé parmi les dangereux languien-mitterrandolâtres et il devenait inutile de plaider en faveur de mon « indépendance » : leur système de pensée excluait une telle possibilité…

Un beau jour, Catherine Trautmann, fortement incitée par l'hôtel Matignon, me proposa de devenir directeur du Livre et de la Lecture. Le lendemain, elle me fit savoir qu'elle changeait d'avis. Son cabinet, par de tortueuses manœuvres, avait fait efficacement barrage…

Quelques mois plus tard, une autre perspective finit par m'être offerte. Le ministère souhaitait réformer la Caisse Nationale des Monuments Historiques et des Sites et m'en confier la responsabilité. Il fallait d'abord modifier le décret portant organisation de cet établissement public. Une telle réforme, toujours lente dans l'administration parce qu'elle suppose la consultation de plusieurs ministères, puis du Conseil d'Etat, mit deux ans à être réalisée.

Comme on le sait, Catherine Trautmann a échoué, en tant que ministre de la Culture et de la Communication, alors même qu'elle semblait a priori disposer de sérieux atouts pour réussir. N'avait-elle pas brillé dans son mandat de maire de Strasbourg ? N'était-elle pas l'une des femmes politiques à qui l'on prédisait un bel avenir ? Ne venait-elle pas d'être auréolée d'une certaine gloire pour avoir courageusement fait face au Front National ?

La désillusion vint très vite. Un mois après sa nomination, elle dégringola dans l'estime des milieux culturels pour n'avoir pas su défendre les crédits de son ministère frappés par un collectif budgétaire. Et tout alla de mal en pis, jusqu'à ce qu'en mars 2000, profitant d'un remaniement gouvernemental, le Premier Ministre la débarque sèchement.

« Erreur de casting », affirmèrent certains méchamment. « Mal entouré » répondirent d'autres. L'absence de feeling entre Catherine Trautmann et les artistes devint évidente. Son souci de réaffirmer l'éthique du service public, oubliée selon elle au temps de Jack Lang, fut perçu comme un abandon de l'exigence de création artistique au profit de la seule préoccupation de démocratisation culturelle. La tension création / public, le rapport entre l'art et la société sont au cœur de la politique culturelle. A tort ou à raison, il a semblé aux créateurs que l'équilibre entre les deux plateaux de la balance, au demeurant toujours fragile et incertain, était rompu à leur détriment.

Catherine Trautmann est une femme sympathique, d'abord facile, caustique. Le malentendu ne cessa pourtant de croître. Au PS, nous assistions navrés, impuissants à la montée des mécontentements. Avec François Hollande qui, doté d'une intelligence d'une exceptionnelle rapidité, ne se départissait jamais de son humour et d'un sens de la répartie à toute épreuve, nous nous comprenions à demi-mot.

Pourtant le budget du ministère remontait après l'épisode malheureux du collectif, et reprenait sa progression vers le mythique 1 %, alors qu'il avait été sérieusement malmené par les gouvernements d'Edouard Balladur et d'Alain Juppé. Pourtant l'exception culturelle était défendue lors du funeste projet de l'AMI (Accord Multilatéral sur l'Investissement), vite avorté sous l'impulsion de la France. Peine perdue, la défiance était installée...

Catherine Tasca remplaça Catherine Trautmann. Elle avait la considération des milieux culturels, en raison de son engagement ancien dans la culture, et de son parcours irréprochable à la Maison de la Culture de Grenoble, auprès de Patrice Chereau au Théâtre des Amandiers de Nanterre, ou encore comme ministre déléguée à la communication, puis Secrétaire d'Etat à la Francophonie et aux Relations Culturelles Extérieures.

Sa présence à la tête du ministère de la Culture et de la Communication apaisa et rassura. Les liens avec les artistes étaient renoués, au moins provisoirement...

Un mois après son arrivée, et la réforme de la Caisse Nationale des Monuments Historiques et des Sites ayant enfin abouti, je fus nommé par décret, et sur proposition de Catherine Tasca, président de l'établissement public.

Après ce rapide survol de mon itinéraire, le lecteur pourra avoir le sentiment d'une confusion au moins partielle entre l'action politique et l'action administrative. Certes, l'engagement citoyen et l'engagement culturel sont pour moi liés. Certes aussi, je crois qu'il y a une politique culturelle de gauche et une politique culturelle de droite. Mais cela ne signifie pas qu'il y a une culture de gauche et une culture de droite ! La culture et les arts ne sauraient être en effet fichés ou instrumentalisés, et le rôle des pouvoirs publics se limite à ceci : trouver les modalités et les moyens les plus appropriés pour soutenir leur essor, en respectant toujours l'indépendance des artistes comme la diversité des goûts du public.

De même, je fais pleinement la différence entre la vie politique à laquelle chaque citoyen est libre de participer ou pas , et la vie professionnelle qui implique la mobilisation des savoir-faire d'un métier, si bien que seuls les critères de compétence entrent en ligne de compte pour apprécier la qualité du travail fait.

Je pense ne m'être jamais départi de cette règle claire dans l'exercice des différentes responsabilités que j'ai assumées.

Faut-il cependant regretter la politisation de la haute fonction publique qui tend, à chaque changement de gouvernement, et de façon plus ou moins ouverte, à s'apparenter au système des dépouilles en vigueur aux Etats-Unis ? Est-elle condamnable ou pas sur le plan des principes ? Est-elle respectueuse ou pas des talents et des compétences ? Le débat est ouvert. Quoiqu'il en soit, cette politisation est un fait et il serait à mon avis naïf de croire qu'elle est un phénomène nouveau, mais elle est apparue en pleine lumière depuis vingt ans parce que l'alternance politique est devenue effective dans notre pays.

CHAPITRE II

Le projet

De « la caisse » à Monum

Qu'est-ce que Monum, Le Centre des Monuments Nationaux ?

Cet établissement a pour tâche de gérer et animer les monuments nationaux, c'est-à-dire ceux dont l'Etat est propriétaire. Cent quinze monuments sont ainsi ouverts au public, quelques-uns connus dans le monde entier, tels Chambord, le Mont-Saint-Michel, l'Arc de Triomphe, le Panthéon, la Sainte-Chapelle, le Haut-Koenigsbourg, d'autres bien plus modestes ou petits, tels la maison du Maréchal Foch à Tarbes, le site de la Graufesenque à Millau, ou la place forte de Mont-Dauphin dans le Queyras... La constitution de ce patrimoine propre à l'Etat s'est fait au fil des ans, sans logique préalable, plutôt au gré des opportunités de l'histoire du pays, et des ventes ou des donations de propriétaires privés. Au total, l'Etat possède un parc de monuments imposant mais hétéroclite, plus rural qu'urbain, et constitué aussi bien d'abbayes, de châteaux, de forteresses que de sites archéologiques ou de maisons d'écrivains ou d'hommes politiques. Ces monuments reçoivent près de neuf millions de visiteurs par an. A priori, la tâche de l'établissement est simple à énoncer, et facile à comprendre : accueillir le public, assurer la visite individuelle ou par groupe, éditer et vendre des livres ou des produits dérivés sur les comptoirs de vente... Mais, on va le voir, l'exécution de cette mission est toute de complexité.

La Caisse Nationale des Monuments Historiques et des Sites a connu, depuis sa longue histoire commencée en 1914, plusieurs réformes successives qui ont modifié tantôt ses missions, tantôt son champ de compétence. L'instabilité statutaire de l'établissement a reflété en réalité l'indécision de l'Etat à son égard et les fluctuations de la politique du patrimoine. Qui fait quoi, des services propres de l'Etat et de ceux de l'établissement ? Quel est le degré d'autonomie de celui-ci par rapport au ministère de la Culture ? Doit-il avoir une mission générale d'animation du patrimoine et de diffusion de sa connaissance s'étendant à tous les monuments historiques protégés, ou se recentrer sur le patrimoine détenu en propre par les pouvoirs publics ?

L'avant-dernière réforme, effectuée en 1995, se voulait clarificatrice : aux services du ministère (les Directions Régionales des Affaires Culturelles, les Services Départementaux de l'Architecture et du Patrimoine) les travaux de restauration et l'entretien des bâtiments, à l'établissement public, l'accueil du public et les activités afférentes.

La dernière réforme, arrêtée en 2000, peaufina la précédente sans toucher à son économie générale. On décida de changer le nom de l'établissement. Celui-ci n'était en effet, plus une « Caisse » chargée à l'origine de collecter de l'argent pour acheter ou entretenir des bâtiments. Elle ne s'occupait plus des monuments historiques et des sites en général, quels que soient leur statut public ou privé, et la législation qui leur était appliquée. « Le Centre des Monuments Nationaux » naquit.

On convint de séparer sans ambiguïté l'établissement public de sa direction de tutelle, la Direction de l'Architecture et du Patrimoine (DAPA). Alors qu'auparavant le directeur de la DAPA était également le président de l'établissement, celui-ci fut doté d'une présidence autonome et à plein temps.

On résolut de reconnaître le rôle des administrateurs des monuments. Leur métier récent s'était développé depuis une petite quinzaine d'années, lequel consiste à diriger au quotidien les monuments et leur personnel. Leurs missions et leur statut furent précisés.

On tenta enfin de mieux coordonner l'action de tous les intervenants dans les monuments – et ils sont nombreux – en créant des comités régionaux de programmation.

Il serait injuste de dénigrer l'action des prédécesseurs. Ils ont tous entrepris d'assumer au mieux leur tâche au service de l'intérêt général, en coordonnant l'action de cette centaine de monuments répartis sur tout le territoire. Encore faut-il ajouter qu'à ceux-là, s'ajoutent les quatre-vingt-sept cathédrales, toutes aussi propriété de l'Etat, et deux cents autres monuments qui ne sont pas ouverts au public, mais dont l'établissement a la responsabilité de la gestion domaniale...

Avant de prendre mes fonctions, un haut fonctionnaire du ministère m'avertit : « Cher ami, permettez-moi un conseil. Votre rôle, c'est de faire du tourisme intelligent. Promenez-vous dans les campagnes françaises qui sont fort belles. Les déjeuners chez les préfets et dans nos manoirs sont souvent agréables. Ainsi vous durerez... »

En fait, si pendant longtemps, l'ancienne « Caisse » avait paru un laboratoire de référence pour l'animation du patrimoine à travers les chantiers de jeunes, les Centres Culturels de Rencontres, les villes d'art, elle était devenue en fait un établissement marginalisé, et à l'écart des préoccupations premières de son ministère de tutelle, le ministère de la Culture. D'ailleurs, le suivi de ces opérations pilotes qui viennent d'être citées lui avait été progressivement retiré.
Le prestige de l'institution et la réputation de ses grands monuments cachaient une sous-administration chronique, avec un fonctionnement reposant sur la pénurie, le cloisonnement des services, des strates rigidifiées, des

pesanteurs accumulées. Les normes minimales en matière d'accueil du public et de confort de visite étaient souvent à peine atteintes : par exemple des monuments se trouvaient encore dépourvus de toilettes pour le public ou le personnel ! Pourtant des efforts longs et patients avaient été entrepris par l'administration : deux cents millions de francs par an étaient consacrés à la restauration et à l'entretien. C'est beaucoup ? Alors divisons deux cents par cent quinze : le résultat est hélas, éloquent...
L'insuffisance du personnel d'accueil et de surveillance, la faible identité du réseau des monuments nationaux et du sentiment d'appartenance du personnel, achevaient de donner à l'établissement une image négative.

La comparaison avec les musées peut être faite. Dans le domaine du patrimoine, les années quatre-vingt et quatre-vingt-dix ont été « les années Musées » : construction ou rénovation de musées, réalisation de grandes expositions, plus de quatre cents chantiers entrepris et menés à bien... Alors, j'ai fait un rêve, en entrant au Centre des Monuments Nationaux : que les années 2000 deviennent « les années Monuments», que l'Etat fasse pour le patrimoine monumental au début du 21ème siècle ce qu'il avait entrepris pour le patrimoine muséographique à la fin du 20ème siècle. Pour l'instant, ce rêve ne s'est pas réalisé.

Allons plus loin. Dans les années quatre-vingt-dix, un projet ministériel avait été conçu, devant transformer l'Hôtel de Sully, situé dans le Marais, en galerie nationale de la photographie, privant l'établissement de son siège historique... Depuis lors, l'établissement a perdu la responsabilité des locaux d'exposition en sous-sol, confiés à la mission du Patrimoine Photographique. Peu avant mon arrivée, le ministère décida d'implanter à l'Orangerie, bâtiment sis dans l'enceinte de l'Hôtel de Sully, la Fondation

Lartigue, alors que les espaces de travail du personnel étaient notoirement insuffisants.

Faut-il ajouter que ce même ministère, au lieu de faciliter la montée en puissance de la fonction d'administrateur de monument, eut parfois la tentation de nommer des fonctionnaires dont il souhaitait se débarrasser ou voir changé l'affectation ?

Marginalisée, l'ex-Caisse Nationale des Monuments Historiques et des Sites, fut aussi instrumentalisée. Lors d'une année de vaches maigres budgétaires, l'Etat décida, d'un seul coup d'un seul, de prélever quatre-vingts millions de francs sur son fonds de roulement...

Dès lors, puisque l'Etat décidait de modifier à nouveau le statut de l'établissement et d'y nommer un président à temps plein, n'était-ce pas le signe qu'il entendait redresser la barre, et le charger d'une ambition nouvelle ?

J'ai donc estimé qu'il m'était demandé, non de faire profil bas, mais d'établir un projet fort et de lancer un chantier de réformes favorisant la mise à niveau sur tous les plans.

J'ai espéré que l'établissement, de périphérique, devienne central dans les préoccupations du ministère. A cette fin, le moyen le plus sûr était de le relier avec les politiques thématiques et les actions fédératives orchestrées par l'administration culturelle. Puisque ses monuments étaient présents dans toutes les régions de France, n'avait-il pas un rôle à jouer dans la politique d'aménagement du territoire, et pareillement dans celle de la coopération avec les collectivités territoriales ? Puisqu'il développait de longue date des activités éducatives et accueillait des classes du patrimoine, ne pouvait-il devenir le fer de lance de l'ambitieux plan de développement de l'éducation artistique que venaient d'annoncer les ministères de l'Education et de la Culture ? En menant des actions spécifiques en direction des habitants des banlieues et notamment des jeunes des cités, n'avait-il pas sa place dans la politique de la ville ? Puisque le ministère organisait ces grands rendez-vous annuels que sont la Fête de la Musique, le Printemps des Poètes, Lire en Fête, l'Année des Arts du Cirque – sans parler des Journées du Patrimoine – l'établissement ne devait-il pas accueillir, à ces occasions, de nombreuses manifestations ?

Cherchez la faute...

Pour un patrimoine vivant

Mémoire et création : toute la vie culturelle ne se résume-t-elle pas dans ces deux mots ?

N'avons-nous pas pris l'habitude d'opposer la création / rupture à la mémoire / continuité ? Pourtant l'opposition des concepts et des usages est plus apparente que réelle.

La deuxième moitié du 20ème siècle a vu la montée en puissance du patrimoine : protéger, restaurer, promouvoir les monuments, les objets mobiliers, mais aussi les savoir-faire, les langues, les pratiques sociales... L'augmentation des moyens, l'extension du concept, l'affinement des procédures se sont appuyés sur la demande sociale ainsi que sur des corps de professionnels, architectes, scientifiques, fonctionnaires dévoués et compétents. Une action de longue haleine s'est ainsi développée dont nul ne peut nier le bien fondé.

Cette préoccupation croissante du patrimoine est souvent interprétée comme une réponse à la crise de la modernité. Le patrimoine incarnerait l'opposé d'une rupture alors que tous les fondements se dérobent. Il serait la valeur-refuge par excellence, au point que certains se demandent si « la frénésie » de conservation et de restauration qui saisit l'Occident n'est pas une vision crépusculaire de notre avenir. Le besoin exacerbé de conservation apparaîtrait-il lorsqu'une civilisation se découvre impuissante à maîtriser le présent et à anticiper le futur ? Il s'agirait alors de conjurer l'angoisse, de masquer le sens, d'interrompre le cours inévitable des choses. Se nourrissant de la nostalgie, le patrimoine ne serait-il, selon l'expression du psychanalyste J.-B. Pontalis, que « ce temps qui ne passe pas », un temps qui offre le miroir d'un parcours immobile et dénie celui qui nous rend mortels ?

Mais le patrimoine est aussi ce qui nous permet d'échapper à la finitude. Il nous inscrit dans une histoire et dans un territoire, et refusant l'oubli du passé, assure notre lien à l'existence. Au vrai, nous sommes à la fois menacés par l'absence de mémoire, le refoulement du passé, et la pesanteur d'un héritage figé.

Pour échapper à ce double écueil, il faut réinventer notre mémoire. La mémoire passive explore les objets, les écrits, les images. La mémoire agissante et vive recourt à l'imaginaire ; elle est souple, fait appel au récit, sublime le passé. Umberto Eco établit une différence entre interpréter et utiliser un texte. L'interprétation respecte celui-ci, l'utilisation l'adapte et le sollicite, non pour l'altérer, mais pour le réinvestir. Cette distinction vaut aussi pour le patrimoine. Autrement dit, il faut introduire la liberté dans la fidélité à l'héritage.

L'affirmation de notre identité, individuelle et collective, suppose à la fois l'enracinement et le vagabondage. L'appropriation frileuse peut conduire au repli identitaire et au refus de l'autre. L'ouverture sans pensée de la mémoire peut porter la dilution de soi. Aussi entre certaines mises en valeur commerciales, voire outrancières, qui consomment et consument le patrimoine d'une part, et les excès d'une conservation désincarnée, réduisant l'architecture à elle-même d'autre part, il y a une large place pour ce qui réinsère le patrimoine dans la vie et lui confère de ce fait, un rôle décisif dans la lente émergence d'un sens dont est déprise la société d'aujourd'hui.

« Les artistes dans les monuments, les monuments dans la vie culturelle » tel était le slogan et l'objectif du projet culturel du Centre des Monuments Nationaux. Projet, en effet : la finalité n'est pas seulement dans l'objet patrimonial quelle que soit son éminente valeur, mais aussi dans le projet de monument, qui intègre une mise en rapport entre le patrimoine et le public ainsi que le territoire dans lequel il se situe. Ceci ne signifie pas que le monument est instrumentalisé mais qu'il constitue le point départ au lieu d'être le point d'arrivée. Tel est aussi du reste, l'esprit qui a animé et anime encore l'aventure des Centres Culturels de Rencontre, dont la mission est d'opérer une synthèse entre les monuments et des projets intellectuels et artistiques qui les sauvent et les réhabilitent.

Car si l'apport de la création au patrimoine doit être souligné, à l'inverse l'apport du patrimoine à la création le mérite tout autant. Il s'agit là toutefois d'une idée encore neuve.

Les monuments peuvent être des foyers de questionnement et de renouveau des formes artistiques. Les nouveaux courants artistiques ne sont-ils pas toujours plus interdisciplinaires, plus européens aussi, plus soucieux en outre d'une confrontation avec des espaces insolites ou revisités, voire « intermédiaires » ? Le patrimoine est une chance pour le processus de création. La présence d'artistes suscite un nouveau regard sur le lieu, les œuvres sont produites en relation avec lui, la spécificité de projets artistiques originaux se déploie, issue de la rencontre entre l'identité d'un espace et celle d'un créateur. Entre ces monuments qui transcendent le temps, ont pour eux la légitimité, et l'essentielle fragilité, l'acte en devenir de la création, une contradiction fructueuse peut naître, suscitant une nouvelle manière d'appréhender l'art. Autrement dit, les monuments ne sont pas seulement un cadre ou un écrin pour la création, mais deviennent le vecteur de celle-ci, la nourrissent.

Depuis trois ans, un spectacle nocturne est proposé au public d'un des plus prestigieux monuments de notre pays, « Les Métamorphoses de Chambord ». Il ne s'agit pas d'un son et lumière, mais d'une véritable œuvre d'art, conçue par des équipes artistiques. Aucun titre n'est anodin. Elias Canetti ne dit-il pas précisément que les poètes, les artistes, les écrivains sont « les gardiens de la métamorphose » ? Le contemporain ne porte pas atteinte à l'ancien.

L'œuvre d'art peut parfaitement s'inscrire dans l'édifice le plus vénérable. Au reste les siècles antérieurs en témoignent, chaque génération modifiant la forme ancienne en l'enrichissant ou en la remaniant.

Allons plus loin encore, l'histoire est un processus, le présent est de l'histoire, à l'encre à peine sèche, et convoque ce qui le précède. Le patrimoine est contemporain.

Le patrimoine pour tous les publics

Le projet de Monum n'est pas né du seul cerveau, embrumé ou fertile, c'est selon, de son président, ou de ceux des membres de son équipe. Il est issu de rencontres et de discussions avec de nombreux responsables culturels qui tous, ont plaidé pour une politique renouvelée de la mise en valeur du patrimoine, et pour une ouverture des monuments sur la vie culturelle d'aujourd'hui, et du reste sur la vie tout court...

Réfléchi à l'avance, il résultait aussi des termes même de la lettre de mission que la ministre de la Culture et de la Communication m'avait adressée au moment où le gouvernement m'a chargé de la présidence de l'établissement. Cette lettre fut en effet préparée par François Barre, alors directeur de la DAPA, et moi-même, puis signée en pleine connaissance de cause par Catherine Tasca. Tout en rappelant les missions essentielles de l'établissement, à savoir l'accueil du public, l'offre en matière de visites, la démocratisation de l'accès aux monuments, cette lettre stipulait : « Il convient que soit réaffirmée la volonté d'ouverture des monuments, lesquels constituent un patrimoine exceptionnel au rayonnement national et international, dont la mise en valeur doit s'inscrire dans son environnement géographique, humain et artistique. Il nous semble primordial de poursuivre deux objectifs à cet égard : donner à connaître et comprendre l'histoire et la réalité architecturale des monuments bien sûr, mais aussi accueillir dans les lieux patrimoniaux la création d'aujourd'hui. La familiarité qui est à présent entretenue avec les monuments légitime les œuvres qui y sont accueillies et les rend recevables, ainsi que les activités pluridisciplinaires dont ils peuvent être, dans le respect de leur intégrité, le support. »

Le projet de Monum était donc de favoriser le dialogue du patrimoine et de la création, d'engager la coopération entre les monuments et les réseaux d'institutions culturelles (centres dramatiques nationaux, centres chorégraphiques, scènes nationales, centres d'art contemporain, bibliothèques etc...) ainsi que les équipes de production et de diffusion artistiques, afin d'y développer les activités culturelles, et ce tout en poursuivant pleinement les missions patrimoniales de l'établissement.

Dans quel but ? Pour satisfaire les besoins des équipes artistiques, leur offrir de nouveaux lieux ou de nouvelles opportunités de création, instrumentalisant ainsi le patrimoine au service de la création ? Bien sûr que non, même si cet objectif-là n'est pas en soi illégitime : il relève toutefois d'une logique différente. C'est le public des monuments qui était le but de cette politique nouvelle, un public qu'il s'agit à la fois d'accroître et de diversifier.

Le chiffre de neuf millions de visiteurs est imposant. Mais il peut être trompeur : certains monuments avaient autrefois une fréquentation plus importante qu'aujourd'hui. Ces dernières années, le nombre de visiteurs augmentait de 2 à 3% par an, avant que 2001 n'enregistrât une chute de la fréquentation, phénomène général qui toucha tous les monuments, publics et privés, et au-delà, les musées comme les parcs de loisirs et de divertissement. Les monuments nationaux sont sur un marché, celui du tourisme culturel, et rencontrent la concurrence d'une offre nouvelle qui vise le public populaire : parcs à thème, aquariums, espaces de divertissement... Dans certaines régions, par exemple dans la région Centre, la tendance lourde de la fréquentation des châteaux de la Loire est la baisse ou la stagnation. Le public afflue durant la haute saison d'été, et se fait cruellement attendre durant la basse saison. De plus, les deux tiers de la fréquentation des monuments nationaux sont constitués d'un public international. - on ne peut que s'en réjouir – mais le public de proximité a déserté son patrimoine : il ne représente souvent que 3% des visiteurs ! Les habitants d'Angers ne visitent pas le château d'Angers, ceux de Carcassonne le château Comtal, ceux de Bourges le palais Jacques Cœur.., et les parisiens assurément pas l'Arc de Triomphe, le Panthéon ou la Sainte-Chapelle, car cette fois, c'est presque 90% du public qui est étranger... Le public des monuments est davantage représentatif des classes moyennes et supérieures de la population que des couches sociales les moins favorisées, et de surcroît, il vieillit, car les jeunes sont de moins en moins nombreux à visiter le patrimoine national.

Les enquêtes de publics révèlent aussi la diversité croissante des attentes et des goûts. Si une partie du public demeure attachée à l'approche intellectuelle, historique et architecturale des monuments, d'autres catégories de visiteurs attendent davantage de rencontres avec les expressions contemporaines et une approche plus sensible, ou encore souhaitent davantage d'espaces de convivialité et de détente.

Par conséquent, il faut donner des occasions au public de venir ou de revenir dans les monuments en lui proposant de nouveaux rendez-vous. Il faut aussi que les Français s'approprient ou se réapproprient leur patrimoine. C'est donc une diversification de l'offre patrimoniale qui doit leur être proposée : non pas substituer une activité à une autre, et remplacer la visite par un spectacle ou une exposition contemporaine, mais ajouter à l'offre traditionnelle en matière de visites, des propositions nouvelles, enrichir ce qui existe déjà. Certains monuments privés font le même constat, et se lancent alors dans des sons et lumières classiques, des attractions ludiques, ou des activités festives diverses, qui peuvent parfois satisfaire la demande du public, mais risquent de folkloriser le patrimoine. Parce que le réseau des monuments nationaux est un service public, il lui appartient, non d'imiter les autres, mais au contraire de rester lui-même : la diversification de l'offre rencontre l'exigence de qualité et suppose un programme culturel.

Cette (re)conquête des publics passe par un partenariat avec les acteurs de la vie culturelle : non seulement les structures culturelles elles-mêmes, mais encore les collectivités territoriales, les professionnels du tourisme, les mécènes.

Les monuments nationaux en effet appartiennent à l'Etat, mais ils sont tous situés dans un territoire, avec son histoire et sa géographie propres, avec son contexte économique, institutionnel, social. Ils contribuent à l'identité de ce territoire, créent des emplois, stimulent le tourisme. Ils ne sauraient donc y vivre comme en autarcie, tel un corps étranger qui serait sans lien avec la population l'entourant et avec ceux représentant celle-ci, tel un bel objet à tout jamais figé dans son immuabilité et destiné à la seule visite de publics venus d'ailleurs. Les élus locaux, maires, conseillers généraux... ont parfaitement compris cela, et souhaitent que les monuments qui structurent leur cité et façonnent leur paysage, participent au développement de leur commune, de leur agglomération, de leur département.

Cette revendication m'a souvent frappé lors de mes déplacements sur le terrain. Les élus admettent le rôle spécifique de l'Etat sur un patrimoine au rayonnement national et international, et demandent rarement un transfert de propriété ou d'affectation à leur profit. En revanche, ils revendiquent une collaboration soutenue pour monter des opérations en commun. Car si ce patrimoine reste à l'écart de leurs projets, il leur manque tout simplement un chaînon souvent décisif. C'est ce lien étroit, cette mobilité effective dans les relations entre un établissement public national et ses partenaires naturels qui étaient au cœur du projet de Monum. Et c'est cette démarche nouvelle qui a reçu de la part des praticiens sur le terrain une bonne écoute, a suscité l'approbation, voire a soulevé l'enthousiasme.

Que l'on ne se méprenne pas ! L'idée de développer les activités culturelles dans les monuments n'est pas nouvelle en soi. Le Palais des Papes d'Avignon n'est-il pas le lieu principal du Festival d'Avignon depuis cinquante ans ? Mais dans les monuments nationaux, cette idée n'avait été mise en œuvre que de façon ponctuelle ou évènementielle. La novation consistait, dans le respect de l'intégrité des lieux, à faire des monuments de véritables pôles culturels, insérés dans leur territoire, ouverts sur la vie de la cité, où des activités multiples seraient proposées régulièrement aux publics les plus divers.

Dans les soutes

Le projet de Monum n'était pas seulement culturel. Il était aussi constitué d'une action réformatrice interne, destinée à redresser son fonctionnement, à mobiliser le personnel, à améliorer la qualité du service rendu au public.

En premier lieu la modernisation. Il s'agit de remédier aux défauts endémiques d'organisation : sous-administration chronique, lourdeur des procédures, lenteur des processus de décision, difficultés de communication entre le siège de l'établissement et les monuments... Un travail de longue haleine, par nature peu spectaculaire, était entrepris.

En second lieu, la déconcentration. L'établissement public est centralisé : trop de décisions prises à l'Hôtel de Sully, pas assez d'autonomie laissée aux équipes de monuments au contact du public et des réalités quotidiennes. Donc, il fallait accroître les responsabilités et les moyens au profit des administrateurs de monument. Changement des modes de faire, mais aussi changement des habitudes, de « la culture d'entreprise »...

En troisième lieu l'adaptation du service public. Les monuments nationaux sont pratiquement ouverts toute l'année alors que selon les saisons, les jours, les heures, le flux du public n'est pas le même. Une réflexion en profondeur était engagée sur les amplitudes d'ouverture des monuments, les conditions d'accroissement de la productivité, l'enrichissement des tâches des agents.

Un tel chantier de réformes supposait, pour aboutir, plusieurs années de travail et il n'est évidemment pas du ressort de cet ouvrage d'entrer dans le détail technique de mesures administratives et financières.

Les missions patrimoniales de l'établissement ont-elles été pour autant abandonnées ? Ce reproche récurrent a été fait. « Vous osez promouvoir la création artistique dans les monuments ? C'est bien la preuve que vous négligez le reste, qui est l'essentiel ».
Cette fausse logique ne résiste pas à l'analyse. Pourquoi l'un eût-il empêché l'autre ?

La production de publications, qui relève des Editions du Patrimoine, la maison d'édition de l'établissement, a-t-elle été mise à l'encan ? Plus de cent ouvrages ont été publiés en 2001, chiffre jamais atteint jusqu'ici.

L'aménagement de locaux d'accueil pour le public ou le personnel, de nouveaux comptoirs de vente, d'espaces d'introduction à la visite a-t-il été sacrifié ? La même masse de crédits qu'auparavant leur a été consacrée, de l'ordre de trente millions de francs par an.

L'action éducative en direction des publics scolaires a-t-elle été mise sous le boisseau ? Bien au contraire, les services éducatifs des monuments ont été développés, le nombre de classes et d'élèves accueillis a été augmenté.

La diffusion commerciale a-t-elle régressé ? Le chiffre d'affaires qui résulte des ventes de livres et de produits n'a cessé de croître, et une politique a été esquissée pour améliorer l'offre commerciale, mieux spécifier le réseau des points de vente, augmenter les ventes de livres de la maison d'édition.

On pourrait multiplier les exemples. Aucun fait ne peut être avancé, aucun chiffre ne peut être allégué pour étayer le soupçon d'un quelconque abandon de telle ou telle mission du Centre des Monuments Nationaux.

En réalité, c'est une démarche globale qui était engagée : poursuivre les missions anciennes de l'établissement, assurer sa transformation interne, et appuyer l'ensemble sur un projet mobilisateur, l'action culturelle au service de tous les publics. Pourquoi moderniser en effet, s'il ne s'agit que d'accroître la « productivité », comme disent les « managers » rompus aux meilleures techniques du marketing et de la gestion des ressources humaines, si l'effort qui est demandé au personnel n'est pas aimanté par un contenu porteur de sens ?

« La culture n'est pas une marchandise comme les autres ». Alors, les entreprises et les institutions qui la créent ou la diffusent, les métiers qui s'y exercent, les compétences qui l'illustrent, ne se gèrent pas de la même façon qu'ailleurs.

Vous avez dit Monum ?

Or donc, le « Centre des Monuments Nationaux » avait succédé à la Caisse Nationale des Monuments Historiques et des Sites. La « Caisse » avait-on coutume de dire, sans s'émouvoir qu'une appellation aussi prosaïquement monétaire, voire mercantile, signât la haute mission de préservation du patrimoine de l'Etat, ou bien encore la « CNMHS », mais essayez-donc de répéter la formule plusieurs fois, et à toute vitesse..!

Avec le « Centre des Monuments Nationaux », l'établissement se trouvait affublé d'un nom correspondant plus précisément à son objet véritable, mais dont la connotation paraissait quelque peu institutionnelle, voire désuète. Et puis le « Centre » n'était-ce pas contradictoire avec l'irrigation la plus large du territoire, et avec la déconcentration vivement recommandée pour surmonter le jacobinisme de la précédente « Caisse » ?

De surcroît, la « Caisse » avait la peau dure. Beaucoup d'agents de l'établissement ou de professionnels du patrimoine continuent encore aujourd'hui, sans sourciller, à dire la « Caisse ». Comme il est difficile de se délier d'une habitude acquise ! « La Caisse, euh ! pardon, le Centre... ».

A la rue de Valois, l'appellation Centre des Monuments Nationaux ne semblait guère faire l'unanimité : « Le Centre National des Monuments », « Le Centre des Monuments Historiques », « la Caisse des Monuments Nationaux », et tout à l'avenant, dans un significatif désordre sémantique...

Les technocrates se mirent de la partie : ce sera le « CMN » ! Idéal assurément pour les circulaires administratives et les notes budgétaires... Mais répétez-le plusieurs fois, et à toute vitesse... Et surtout, pensez au public...

Alors d'autres, de guère lasse, se risquèrent à faire la preuve de leurs capacités d'imagination créatrice : pourquoi pas « Le Centre » tout court ? Mais, c'est bien sûr ... A propos, le centre de quoi ?

C'est pourquoi fut inventé « Monum ».

Monum s'adressait au large public à qui il était ainsi proposé un terme simple, clair, aisément identifiable. Monum devait être un label, à l'appellation courte et actuelle, tant dans sa forme graphique que dans sa dénomination.

Avec Monum, l'établissement se trouvait projeté dans la modernité. Comme nous l'avions subodoré, un tel saut dans un si grand inconnu suscita d'emblée l'ire ou la moquerie de ceux qui, peut être engoncés dans le sérieux que légitime leur savoir ou leur rang, y virent à tort, une provocation ou une pochade. Gadget ! Marque de lessive ! Nous tînmes bon cependant, et engageâmes une campagne de communication et d'affichage. Monum, bien loin de vouloir choquer ou indisposer, avait en outre un objectif stratégique : promouvoir l'identité du réseau, jusqu'ici très faible, et contribuer à le fédérer. Par contre les réactions de la plupart des milieux artistiques furent d'emblée favorables, parce-qu'ils y virent l'annonce d'un changement, et un coup de jeune donné à une institution perçue comme singulièrement immobile.

Monum, virgule. Monum en lettres noires, la virgule en rouge. C'est ridicule, ont jugé, péremptoires, les mêmes contempteurs. Quelle est donc la signification de cette insistante virgule ? La virgule exprime le lien, le partage, la coopération. L'établissement public n'est pas seul, il a des partenaires. Il est dédié au service des publics dans toute leur diversité et agit de concert avec les acteurs de la vie culturelle. S'il a pour tâche la présentation et la connaissance d'un patrimoine inestimable, sa raison d'être réside dans la relation établie entre cet héritage légué par les siècles et la société qui doit en avoir la jouissance et l'usage.

Au moment où ces lignes sont écrites, soit un an et demi après sa naissance, l'appellation Monum a trouvé son assise, le public s'y familiarise de plus en plus, et bien des critiques ou des préventions initiales ont cessé. Monum est largement devenu un atout pour l'établissement public.

CHAPITRE III

Chronologie d'un déboulonnage

Un début prometteur

Le projet de Monum a mûri dans les mois précédents ma prise de fonction en mai 2000. J'eus le temps de constituer une équipe autour de moi. Plusieurs postes de dirigeants de l'établissement public étaient en effet vacants. Ce ne fut donc pas un homme seul qui arriva à l'Hôtel de Sully, mais un petit groupe de responsables partageant les mêmes options : Alain Loiseau, Patricia Loue, Dominique Seridji, Patrick Arnould.

Nous nous concertâmes à l'avance avec les organisations syndicales et avec des administrateurs de monument. J'allai voir en tête-à-tête Catherine Tasca, nommée depuis peu de temps ministre de la Culture, et lui expliquai longuement notre projet, qu'elle approuva. Il en alla de même avec François Barre, directeur de l'Architecture et du Patrimoine, personnalité d'envergure qui partageait la même vision que nous, celle d'une ouverture des monuments sur la vie d'aujourd'hui, et était persuadé depuis longtemps de l'apport essentiel du regard des artistes dans la mise en valeur du patrimoine.

Dès le mois de juin, nous fîmes un séminaire de deux jours avec l'ensemble des cadres de l'établissement à la chartreuse de Villeneuve-Lez-Avignon, pour faire un état des lieux ainsi qu'expliquer le projet que nous voulions mettre en oeuvre.

Nous procédâmes à une première réorganisation de l'établissement. L'organigramme de la direction fut modifié pour constituer deux entités nouvelles et clairement identifiées : l'une consacrée à l'action culturelle et au développement, l'autre dévolue aux travaux de mise en valeur du patrimoine et à sa gestion. Une mesure fut immédiatement prise pour accroître la déconcentration, le doublement des crédits d'action culturelle des administrateurs de monuments. Enfin, pour répondre à la pénurie d'emplois et à la précarité d'une partie des agents, cent quarante emplois nouveaux furent créés en concertation avec le ministère de la Culture.

J'organisai alors une conférence de presse pour annoncer notre politique : une nouvelle dynamique, un projet culturel ambitieux, une action résolue pour affronter la compétition touristique.

Les réactions furent à la fois positives et intriguées. Un nouvel élan pour l'ex-« Caisse » ? Pourquoi pas en effet : inattendu, sans doute difficile, mais somme toute un petit vent d'air frais est bienvenu dans cette vieille maison... Les tenants de celle-ci, les partisans de l'immobilisme, pris de court, se turent.

Ils ne restèrent pas silencieux longtemps. Tandis que nous nous mîmes au travail avec enthousiasme, un premier coup fut porté dans l'ombre. A la fin de l'été, deux articles sortirent coup sur coup dans la presse, l'un dans un hebdomadaire, l'autre dans un mensuel. Les titres étaient : « Quand l'Etat brade son patrimoine », et « La Caisse des Monuments hystériques ». Il y était expliqué en substance que Jacques Renard, le nouveau président du Centre des Monuments Historiques (sic), entre parenthèses un proche de Jack Lang, (resic), avait décidé de vendre le bel et prestigieux Hôtel de Sully, siège de l'établissement, et avait présenté ce projet au ministère, lequel bien sûr, désargenté, n'allait pas manquer d'accepter... Et puis aussi déjà, cet autre argument qui était annonciateur des évènements futurs : pourquoi dépenser de l'argent pour faire des expositions et installer des œuvres d'art dans les monuments alors que certains d'entre eux ont besoin d'une urgente restauration ?

Je tombai des nues. C'était la fausse information à l'état pur : de la fumée sans feu. A aucun moment ni moi ni l'un quelconque des membres de la nouvelle équipe n'avions formulé ou laissé entendre une telle intention. A aucun moment nous ne l'avions même envisagée. Y eussions-nous par extraordinaire songé que nous l'aurions immédiatement écartée ! : abandonner l'Hôtel de Sully pour emménager dans de nouveaux locaux, c'était s'attaquer à l'identité de l'établissement public, alors que nous voulions au contraire renforcer celle-ci.

Le ministère de la Culture, il y a plusieurs années, avait bien imaginé, pour financer la création de nouveaux bureaux, et dans le cadre d'une opération complexe à tiroirs, de vendre certaines de ses propriétés. Mais c'était le passé, où je n'avais eu aucune part, et cette hypothèse hasardeuse avait depuis longtemps été exclue.

Pour ma part, bien loin de me séparer de l'Hôtel de Sully, je souhaitais à la fois le rénover - car beaucoup de travaux y étaient à faire – et disposer d'un deuxième site historique situé dans le Marais, afin de trouver des locaux complémentaires pour le personnel travaillant dans des locaux trop exigus et souvent incommodes. Je pensais au superbe Hôtel de Vigny-Croisilles, dont la destination était à terme indécise. Je demandai donc un droit de réponse aux deux organes de presse, afin de démentir formellement leurs allégations. Il ne fut pas accordé.

Je découvris peu après quels étaient les auteurs présumés de cette rumeur fabriquée de toutes pièces et que la presse avait rapportée... Ce fut la première salve. Une chose était sûre : ces gens-là ne reculeraient devant rien. L'entreprise de déstabilisation avait commencé.

Monum, ça marche

Ce fut le temps de l'action. La nouvelle équipe a agi vite. Il lui sera reproché un parti pris d'urgence... Il n'y eut pourtant nulle précipitation. Mais un projet, dès lors qu'il se veut clair et fort, doit se concrétiser sans tarder : l'action est toujours plus aisée au début d'un mandat – moment d'état de grâce, ou simplement d'une certaine marge de manœuvre – qu'à son terme, où chacun tergiverse, et même qu'au milieu, où la volonté réformatrice doit progressivement faire la part des obstacles quotidiens, des difficultés de l'heure, des contraintes extérieures imprévues.

Oui, nous avons agi, et créé un mouvement. Il ne s'agit pas ici de faire un catalogue. Le projet culturel a été mis en œuvre, et dans le même temps, il faut le répéter, les autres missions patrimoniales de l'établissement ont été poursuivies et développées (cf. supra chapitre II.4). Nous avons à la fois « communiqué » et traité les questions de fond : ce n'est pas contradictoire. Nous avons à la fois assuré la continuité de l'action précédente et créé du neuf : c'est indispensable.

Une quarantaine d'opérations culturelles nouvelles ont été lancées en dix-huit mois. Ce furent des réalisations concrètes, tangibles, et de plus jugées pertinentes par le public, les partenaires, et la presse spécialisée dans les diverses disciplines artistiques, tant nationale que locale. De nombreux articles parus en 2000 et 2001 l'attestèrent à cet égard : les spectacles, les expositions, les manifestations organisées recueillirent un écho favorable. Ce n'est point que la qualité d'une action doive avoir pour seul critère le jugement des journalistes : le fait n'est mentionné que pour souligner la contradiction avec les articles futurs à venir.

Nous avons placé les monuments au cœur de la cité : à Bourges, un parcours électronique a été organisé au palais Jacques Cœur et à la cathédrale ; à Aigues-Mortes a été projetée la création d'un centre régional dédié aux arts de la rue. Nous avons travaillé en coopération avec les grands festivals français pour accueillir leurs manifestations : avec le Festival d'Avignon, avec les Rencontres Internationales de la Photographie d'Arles, avec le Printemps de Bourges, avec Musica à Strasbourg.

Nous avons orchestré de grandes opérations nationales dont certaines avaient été conçues avant notre arrivée : l'exposition événement « Vingt siècles en cathédrales à Reims », Images au Centre – manifestation photographique dans une dizaine de monuments de la région Centre – les Rencontres Internationales du Conte à la Conciergerie.

Nous avons accueilli la création plastique contemporaine : Sarkis à l'abbaye de Silvacane, Alain Kirili à l'abbaye de Montmajour, Fabrice Hybert à l'Arc de Triomphe, Daniel Dezeuze à l'Hôtel de Sully...

Nous avons implanté à demeure des équipes de production et de diffusion artistiques dans les monuments, tels que Cadillac ou Pierrefonds...

Nous avons ouvert des monuments à la création pluridisciplinaire : les arts de la rue à Chambord, la littérature au monastère de Saorge et au château de Talcy, la danse au Mont Saint-Michel...

Nous avons participé aux initiatives fédératrices du ministère de la Culture. Ainsi vingt-cinq monuments nationaux ont participé au Printemps des Poètes.

Nous avons scénographié les monuments : la mise en lumière de l'abbaye de Jumièges, le parcours nocturne Songes de Nuit au Mont-Saint-Michel, l'installation permanente consacrée aux arts culinaires au Moyen Age au château de Châteaudun.

« Vous avez fait feu de tous bois, vous avez étonné et séduit... Vous avez donné le roulis... Ce fut trop d'agitation... ». Toutes ces actions ont été cependant menées en plein accord avec de multiples partenaires, avec qui nous avons préalablement négocié les objectifs, les contenus et les coûts, si bien que nous avons toujours bénéficié de leur soutien financier, souvent majoritaire.

Bien loin d'isoler ou de disperser, le projet de Monum rassembla. De nombreuses conventions de partenariat ont été conclues, signes indubitables que des synergies se sont créées, des solidarités reconnues, des préoccupations communes découvertes... Dans les derniers jours de ma présidence, je signai encore trois conventions, la première avec Jacques Godfrain, le maire de Millau, la deuxième avec Serge Lepeltier, le maire de Bourges, la troisième avec Michel Raffestain, le président de la Région Centre...

Pour affirmer davantage encore la concertation nécessaire à cette nouvelle approche de la politique de mise en valeur du patrimoine, nous avons de plus relancé la procédure dite des « projets de monuments » qui était tombée en jachère. Il s'agit, en mettant autour de la même table fonctionnaires, experts, élus, administrateurs de monuments, de définir des orientations communes pour les travaux de restauration et d'aménagement, la gestion, le développement culturel et touristique de chaque monument. Action de fond s'il en est, qui dégage les convergences et rassemble les moyens...

Les contrôleurs aiment les chiffres. Ceux-ci leur furent fournis. Les premiers résultats de cette politique, enregistrés en 2001, étaient incontestablement positifs, au grand dam de certains détracteurs du projet qui, sollicitant des comptes, crurent nous mettre dans l'embarras. La fréquentation des manifestations culturelles organisées par l'établissement avait été multipliée par 2,5, passant, de 2000 à 2001, de cent mille à deux-cent-cinquante mille, et ce alors même que la fréquentation globale des monuments avait enregistré une baisse de 5%. Les recettes de billetterie avaient quasi doublé, de 3,6 millions à 6,2 millions de francs. L'apport financier et en nature du partenariat avait plus que triplé : les six millions de francs de 2000 étaient devenus vingt-deux millions en 2001...

Le temps du trouble

Ce fut une montée en charge progressive. Il y eut d'abord la phase de mauvaise humeur. Il y eut ensuite celle des bruits et des rumeurs. Il y eut enfin celle des cris, débouchant sur l'éruption finale.

La nouvelle équipe ouvrit les dossiers. C'était son rôle, elle prit des décisions et procéda à des changements. Certaines mesures recueillirent l'adhésion générale, d'autres suscitèrent quelques aigreurs. Certains cadres furent mis au placard et en manifestèrent du ressentiment. Dans un établissement davantage habitué au laisser-faire qu'au souci de dynamisme et d'amélioration du service, les évincés parlèrent des « coupeurs de tête ». D'autres estimèrent que les décisions n'étaient pas assez concertées, et protestèrent contre la persistance de pratiques selon eux centralisées.

La baisse de la fréquentation et donc des recettes en 2001 – encore une fois, un phénomène général frappant toutes les structures publiques ou privées – permit à quelques-uns de jeter la suspicion sur les politiques de communication et d'action culturelle accusées à tort d'en être la cause.

Sans négliger ces critiques, nous les relativisâmes. Fallait-il s'émouvoir qu'ici comme dans toute entreprise soumise à un processus de changement l'unanimité ne règne pas sans failles à tout moment ? Et pouvait-on imaginer que des difficultés techniques ponctuelles se retrouvent dénoncées dans les colonnes des gazettes ?

Au moment du Salon du Livre, une pétition parut soudain dans la presse, pour protester contre la lenteur des délais de paiement que subissaient les fournisseurs et les auteurs des Editions du Patrimoine. La lourdeur traditionnelle des procédures de l'établissement public était un fait, regrettable mais récurrent. Cette situation atteignit-elle son paroxysme à ce moment-là ? Des mesures de redressement furent prises, de sorte que ces délais de paiement excessifs, bien loin de croître, se réduisirent. Peine perdue, la nouvelle équipe qui n'était pas responsable du passé, était cependant rendue coupable de ses effets présents.

La décision venait d'être prise de réaménager les espaces de réception et les services de la présidence de l'Hôtel de Sully, qui étaient vétustes et dont les câblages techniques n'étaient pas aux normes des nouvelles technologies de communication, ainsi que de confier la réalisation de la décoration à un artiste contemporain réputé, Daniel Dezeuze. Cette initiative déclencha la réaction défavorable d'une partie des milieux patrimoniaux, qui adressèrent des lettres de protestation au ministère. Qu'une œuvre d'art contemporaine soit installée à l'Hôtel de Sully leur parut porter atteinte à l'esprit des lieux. C'est à partir de là que les bruits et les rumeurs naquirent et prospérèrent.

La montée des mécontentements se cristallisa sur l'action culturelle et en particulier sur la personne qui, dans l'équipe nouvelle en avait la charge, Patricia Loue. Personnalité forte, imaginative et entreprenante, elle était avec moi l'inspiratrice du projet, et s'attela très vite à monter des opérations qui le traduisent dans les faits. Passionnée d'art, elle plaidait aussi pour l'essentielle radicalité de la démarche de création artistique : insuffler aux monuments une vie nouvelle était y introduire un univers sensible, en résonance le plus souvent mais aussi parfois en dissonance avec eux, c'est-à-dire y entraîner les publics et les institutions à contre-courant du convenu. Il en résulta que les détracteurs jugèrent la manière brutale, voire cassante, et en convainquirent quelques-autres. Le malentendu n'allait pas manquer de croître, d'autant plus qu'il s'alimentait de quelques jalousies. Telle administratrice de monument, ayant convoité son poste en vain, jura dès lors la perte de la rivale abhorrée.

Une entreprise se mit à l'œuvre, celle du dénigrement. C'est là chose facile, en fait. Médire, médire, et médire encore. Il suffit de brocarder le contenu des projets, de contester leurs motifs, d'ignorer leurs résultats. Le tout sera sacrifié sur l'autel de la bienséance dressé contre l'élitisme parisien, ou du respect des lieux menacé par un arbitraire arrogant. En l'espèce, la posture de la dérision conduit à un populisme qui a toujours rôdé autour de l'innovation culturelle, et risque de connaître de nos jours une audience accrue. Un festival de cinéma à Vincennes, mais pourquoi donc ? Une chorégraphie de Karine Saporta sur le thème de la mythologie du rock à Chambord, quelle suffisance ! Des rendez-vous électroniques à l'Hôtel de Sully, quelle insupportable provocation ! Quant aux personnes, elles seront étrillées sans autre forme de procès et grillées à petit feu. Patricia Loue et moi étions devenus, à n'en pas douter, un infernal duo.

Cette logique manipulatrice s'appuya sur un réel malaise à l'intérieur de l'établissement et se fit fort de l'exploiter. Une césure effective existait en effet entre une partie des administrateurs de monuments et l'équipe dirigeante de l'établissement. Elle n'était pas nouvelle : si à l'égard du « centre » la « périphérie » avait de longue date une attitude à la fois de défiance et d'attente, ce sentiment de frustration ne s'était pas atténué depuis notre arrivée. L'affichage d'un projet ambitieux, doublé du volontarisme de son exécution, a pu même contribuer à l'aviver, parce que le décalage n'en apparaissait que plus grand avec la réalité vécue au quotidien sur le terrain. Celle-ci était faite de l'insuffisance des moyens, de la lourdeur des procédures, des difficultés de communication. C'est pourquoi un chantier de réformes avait été engagé : il y fallait du temps, mais l'impatience croissait. Les organisations syndicales de leur côté, attachées à la légitime défense des intérêts de leurs mandants, virent pour ceux-ci des sources d'inquiétude. Le projet culturel n'induirait-il pas de nouvelles tâches, sans contrepartie ? Les missions d'accueil dévolues aux agents ne seraient-elles pas gênées par la présence d'équipes artistiques dans les monuments ? De surcroît, l'équipe de direction que j'avais constituée ne se révéla pas aussi unie que souhaitable. Des difficultés relationnelles apparurent. Ce qui aurait du rester anecdotique et confidentiel – en quoi des tensions internes dans une équipe seraient-elles exceptionnelles et mériteraient-elles d'être portées sur la place publique ? - fut monté en épingle, et fit les choux gras de quelques dîners en ville du microcosme culturel. La rançon du succès sans doute...

Devant ce malaise, je perçus la nécessité d'intensifier la communication interne qui souffrait d'un certain déficit en dépit de l'attention que je lui avais portée, des nombreuses réunions organisées, des groupes de travail constitués... Dans une structure atypique dans le service public, où le siège est à Paris et cent quinze « succursales » sont réparties sur tout le territoire, la communication est en soi un problème complexe. Si on y insuffle au surplus une réforme ambitieuse, l'association du personnel est plus que jamais nécessaire. Je demandai donc que l'on pousse les feux dans ce sens.

Björk à la Sainte-Chapelle

La Sainte-Chapelle, monument situé au cœur de l'Ile de la Cité à Paris, et qui reçoit plusieurs centaines de milliers de visiteurs par an, était depuis longtemps louée le soir à des entreprises de spectacle ou des associations qui y organisaient au coup par coup des concerts. Nous décidâmes d'y mettre en place progressivement une programmation musicale globale et cohérente. En juillet 2001, une première initiative importante fut prise : l'organisation d'un cycle Bach, une vingtaine de concerts consacrés à l'intégrale pour violon et violoncelle modernes et baroques, jouée par des artistes de renommée internationale. Ce cycle fut monté par Monique Devaux, directrice artistique de l'auditorium du Louvre.

Nous cherchâmes ensuite à présenter à la Sainte-Chapelle une œuvre musicale contemporaine : toutes les expressions musicales ne devaient-elles pas en effet avoir un égal droit de cité dans les monuments, les musiques nouvelles et amplifiées autant que la musique sacrée, baroque ou religieuse ? Une opportunité exceptionnelle se présenta alors. La grande artiste islandaise Björk cherchait un lieu inhabituel pour le lancement mondial à Paris de son nouvel album

« Vespertime ». Nous l'apprîmes grâce à nos relations dans les milieux musicaux. Des contacts furent aussitôt pris au Printemps de Bourges avec les producteurs de la chanteuse. Björk alla visiter la Sainte-Chapelle incognito et fut conquise. C'est ainsi que l'affaire fut conclue.

L'importance de la manifestation justifiait la présence de personnalités du monde culturel et politique. J'invitai le Premier Ministre et plusieurs ministres, les présidents des deux Assemblées. Deux concerts de Björk furent présentés à la Sainte-Chapelle au mois d'août. Ce fut un succès, au retentissement amplifié par la présence de ces personnalités, même « l'événement de l'été » selon des commentateurs.. !

L'action menée à la Sainte-Chapelle symbolisait parfaitement le projet de Monum : un lieu patrimonial magnifié par la présence d'activités culturelles de haute qualité, et au rayonnement dès lors accru. Elle était de plus exemplaire sur le plan de la gestion, puisque l'établissement public, s'il avait produit le cycle Bach, avait, par accord avec les producteurs, accueilli Björk, c'est-à-dire n'en avait pas assumé le coût. Qui dit mieux ? Les autorités ministérielles ne devaient-elles pas s'en réjouir ? Monum ne réalisait-il pas son projet, conformément à leurs vœux ?

Hélas, rien n'est simple, et une opération pleinement réussie peut se retourner contre ses promoteurs… Les coulisses de l'exploit se transformèrent en couloirs de l'enfer à venir. Jack Lang, ministre de l'Education Nationale, connaissait Björk de longue date et l'appréciait beaucoup. Son action au ministère de la Culture lui avait conféré une réputation internationale auprès d'artistes du monde entier qui, si elle était méritée, avait l'inconvénient de faire de l'ombre persistante à ses successeurs. Il décida de remettre les insignes de l'Ordre du Mérite à Björk, et organisa à cette fin une cérémonie dans les salons de son ministère, quelques heures avant le premier concert de Björk. Au ministère de la

Culture, on tomba des nues et tempêta. Insupportable ingérence dans le domaine de compétence de la collègue... Le soir, Catherine Tasca me battit froid. A son cabinet, la rumeur se répandit : les responsables de Monum avaient forcément trempé dans un coup aussi pendable, s'ils ne l'avaient pas organisé ! Et pourtant, il n'en était rien. Jack Lang ne m'avait pas sollicité, et de mon côté comment eussé-je pu manifester autant d'imprudence, connaissant d'expérience les effets fâcheux de la possible rivalité entre des ministres ? C'est ainsi que Björk à la Sainte-Chapelle, de manifestation dont le ministère de la Culture aurait du se créditer à l'heure des bilans à venir, devint pour celui-ci un petit traumatisme intime ...

La patrouille de l'inspection

Lorsque fut relatée dans la presse l'affaire des retards de paiement des fournisseurs dans le domaine éditorial, la ministre de la Culture et de la Communication, que je rencontrai par hasard dans une réception, m'annonça à ma grande surprise qu'elle allait diligenter une mission d'inspection de Monum. J'étais en fonction depuis moins d'un an, la longueur des délais de paiement trouvait sa source dans les défauts endémiques de fonctionnement de l'établissement public ainsi que dans son excessive centralisation, et c'est bien pourquoi j'avais conçu sa réforme d'ensemble. De deux choses l'une : ou il fallait commander un audit général avant ou au moment de mon arrivée, ou il fallait attendre le terme de mon mandat pour juger de l'opportunité des mesures prises. Entre les deux, c'était installer l'ambiguïté.

Décidée en juillet 2001, la mission commença début octobre et ses conclusions furent remises en janvier 2002.

Entre-temps, son objet s'élargit. Il s'agit, selon les formules ampoulées que l'administration affectionne, « d'apprécier les conditions d'évolution des missions du Centre des Monuments Nationaux.., de faire ressortir les relations entre les actions de maintenance et de valorisation des monuments et le développement de la nouvelle politique... »

Une action de réforme et la qualité d'un projet ne se jugent pas sur un an et demi. Au terme d'un tel laps de temps, l'inspection allait surtout enregistrer le legs du passé, le trouble conjoncturel du présent et les résistances au changement. Alors pourquoi décider une telle mission ? Soit parce qu'on voulait tuer, soit parce qu'on avait peur. L'entreprise de déstabilisation et la rumeur de malaise interne avaient fait leur œuvre.

Je connais les règles du jeu, les inspecteurs aussi, leur qualité et leur honnêteté ne sont pas en cause. Les inspecteurs trouvèrent ce qu'ils cherchaient. Non point qu'ils aient reçu des consignes qu'ils auraient appliquées avec zèle et obéissance. L'Inspection Générale de l'Administration n'est pas un organisme extérieur indépendant. Elle relève du ministère et la Culture et de la Communication, contribue à l'équilibre du système administratif, exprime le consensus sur lequel celui-ci repose – ce qui n'exclut pas l'esprit critique – La commande d'une inspection contient donc en elle-même, par l'objet qui lui est assigné et le moment où elle est décidée, un message implicite.

Dans ces conditions la mission d'inspection contribua bien sûr, et involontairement, à intensifier les rumeurs internes. Ceux qui avaient à se plaindre se confirent haut et fort. Ceux qui nous appuyaient ne perçurent pas leur objective instrumentalisation.

En décembre, une réunion quelque peu agitée de l'ensemble des administrateurs de monuments permit aux corporatismes de se déployer, aux frustrations de s'exprimer, aux ambitions déçues de se venger. Les bonnes volontés, pourtant nombreuses, s'y trouvèrent trop perplexes, voire désemparées, pour penser à inverser le courant.

Le rapport d'inspection, voulu confidentiel, n'a pas été publié. Son existence même a cependant multiplié les interrogations et alléché les journalistes qui, dûment informés par nos détracteurs, cherchèrent à se le procurer.

Pour qui sait décrypter, ce rapport était essentiellement un rapport d'ambiance. Il soulignait le trouble et pointait les dissensions. N'était-ce point la preuve de l'intrinsèque nocivité de l'entreprise ? Le tangage conjoncturel devenait le signe d'un vice structurel. Le contenu du projet était certes critiqué. J'y répliquai point par point dans la réponse écrite que je fis. Mais qui se souciait de la défense lorsque seule comptait l'accusation. ? J'y reviendrai plus loin. Quant à la gestion de Monum, le rapport donnait globalement quitus. C'est pourtant sur les errements supposés de celle-ci qu'allaient porter les attaques publiques à venir...

La tempête

Le samedi 2 février 2002, le quotidien Le Figaro titra à la une : « Monuments historiques : une monumentale gabegie ». Suivirent deux articles d'une page entière chacun, excusez du peu, tirant à boulets rouges sur Monum et ses responsables.

Coup de tonnerre ! Stupéfaction et atterrement !

J'ai le plus grand respect pour les journalistes. Certains sont des amis. La liberté d'expression et le droit de critique sont au cœur des valeurs de notre démocratie. Par conséquent, je reconnais pleinement à toute publication le droit d'attaquer la politique d'un ministère ou d'un établissement public, et en l'espèce d'émettre des jugements négatifs à l'égard de l'action que j'ai conduite.

En l'occurrence, je fus effaré. Des amis et des collaborateurs m'appelèrent aussitôt, tous ébahis par la virulence des propos, par la haine qui selon eux, en suintait à mon égard ou à celui d'autres responsables de l'établissement, et qui rappelait les excès de la presse antiparlementaire des périodes les plus sombres de l'histoire de la France. Il n'y avait pas une phrase, pas une ligne, pas un mot qui ne fussent de mon point de vue faux ou mensongers. Les articles fourmillaient en attaques *ad hominem*. Les faits rapportés étaient tronqués et déformés. Des propos étaient cités qui n'avaient jamais été tenus. Des accusations sans fondement étaient proférées...

« Incompétence » et « gabegie »..? Mais le budget était en ordre, il n'y avait aucun trou dans les caisses, les dépenses étaient effectuées avec rigueur...

« Jacques Renard, le délégué national de la Culture du PS »? Le journal ne pouvait pas ignorer que j'avais évidemment abandonné cette fonction lorsque j'avais été nommé président de Monum...

« Quatre millions de francs le coût de l'œuvre de Daniel Dezeuze à l'Hôtel de Sully »? L'intervention artistique n'avait coûté que six-cent mille francs...

« Virez-moi ces vieilleries » me faisait-on dire avant de procéder aux travaux des salons de l'Hôtel de Sully ? Mais, je n'avais jamais prononcé de tels propos...

A quoi bon multiplier les exemples, ce serait fastidieux.

« Erreur de casting » et « apparatchik de cabinet », je formais avec Patricia Loue « brune sulfureuse au CV hagiographique », « un couple Ceausescu », « détestant le patrimoine » et faisant de Monum « une nef des fous »... Bien sûr, Catherine Tasca ne manquait pas d'être pointée du doigt comme responsable de ma nomination et de cette situation extravagante.

C'était clair : l'entreprise de déstabilisation s'était transformée en cabale politique à l'approche des élections présidentielles. Deux jours plus tard, une députée de l'opposition interpellait la ministre au parlement lors de la séance de questions au gouvernement, s'indignant de « l'incroyable gestion » de Monum par un président « issu des dépouilles socialistes ».

Bien sûr, nous pensâmes à demander un droit de réponse au Figaro. De toutes parts, on nous le déconseilla : la réponse appelait la réponse qui elle-même... C'était alimenter la polémique, c'était leur faire beaucoup d'honneur. Pareillement, il eût été possible d'attaquer en justice pour diffamation ou injure, largement avérées à notre avis. Mais était-il souhaitable de s'engager dans une telle voie ?

Depuis sa prise de fonctions, j'avais vu très peu Catherine Tasca, légitimement accaparée par les nombreux devoirs de sa charge. Michel Duffour, sénateur communiste nommé auprès d'elle secrétaire d'Etat au Patrimoine et à la Décentralisation Culturelle, suivait davantage nos activités, et manifestait une vive sympathie pour le projet de Monum. Il s'était déplacé à plusieurs reprises dans les monuments pour en mesurer la mise en œuvre effective. Cette dualité de tutelle ministérielle entraînait-elle, ici ou là, quelques divergences d'appréciation, aux effets parfois imprévus ? Toujours est-il que, dès le rapport d'inspection remis, la Ministre prit les choses en main. Elle me reçut à trois reprises en quelques semaines. Son opinion était faite et ne varia pas. Le rapport d'inspection venait confirmer les critiques qui s'étaient exprimées auprès d'elle. Le divorce était avéré, et la conversation confinait au dialogue de sourds. Je lui parlais projet, elle me parlait déséquilibre entre les missions patrimoniales et les activités artistiques. J'évoquais réforme, elle répliquait tension interne.

Après ces articles au vitriol, elle me convoqua à nouveau dans son bureau. Ils arrivaient en fait au pire moment pour la ministre. Elle venait d'essuyer une attaque en règle dans la presse à propos de sa gestion des musées, et de ses divergences de vue publiques avec le directeur du musée du Louvre. Affaiblie par cette polémique, elle se trouvait à présent confrontée à une pareille perspective à propos des monuments... La stratégie fut de faire le gros dos. La ministre me demanda par conséquent de ne pas répondre à ces articles et de prendre des mesures de réorganisation interne.

Si elle souhaitait que le projet de Monum se poursuive et que je continue à en assumer la responsabilité, elle exigea en revanche le départ de Patricia Loue, qui avait définitivement, selon elle, soulevé trop d'animosités. Elle mit également sur la sellette le responsable de la communication, Henri Maurel. Je résistai pendant plusieurs jours. La pression se fit trop forte. L'alternative fut clairement évoquée : mon propre départ en prime de celui des autres, et donc la fin du projet.

Le douze février, un communiqué de presse annonça le départ de mes collaborateurs.

L'hallali

Des têtes venaient de tomber, mais pour les inspirateurs de la cabale, à l'évidence cela ne suffisait pas. J'étais leur cible, et au-delà la ministre, puisque c'était le projet lui-même qu'il s'agissait d'abattre.

Pendant ce temps, les articles pleuvaient dans la presse. « Le patrimoine en ligne de mire », « La révolte gronde à Monum », « Monum fait de la résistance », « Dans l'œil du cyclone », « Nouveaux remous à Monum »… C'était un concours de titre, tandis-que le Figaro en faisait quasiment un feuilleton, renseignant chaque semaine, presque chaque jour, sur l'état supposé des troupes à l'intérieur de Monum ; l'objectif était écrit en toutes lettres : « que le véritable responsable de la situation soit sanctionné » !

Deux épisodes peu gratifiants pour l'ensemble de leurs acteurs intervinrent, attristants, un tantinet ridicules aussi, qu'il convient de résumer rapidement. La comédie est toujours intimement mêlée au drame…

Par souci d'apaisement au sein de l'établissement, puisque son départ avait été mal perçu, j'avais réintégré Henri Maurel, l'ex-responsable de la communication, comme conseiller auprès de moi. Mais ce dernier, ulcéré par son éviction, choisit l'expression publique de son ego souffrant au lieu de calmer le jeu. A la stupéfaction générale, il publia un entretien dans un quotidien critiquant ouvertement la direction de Monum et son action, et suggérant la mise en œuvre d'une autre politique ! Dans l'intrigue de Monum, une scène grotesque venait de se faufiler. Bien entendu, je mis fin à ses éphémères nouvelles fonctions.

Un second responsable de l'établissement se mit à son tour à déborder la ligne jaune. La responsable adjointe du département des éditions écrivit une lettre insultante et haineuse à l'égard de certains membres de sa hiérarchie. Nous la convoquâmes et la convainquîmes de partir. Peu de jours après son acquiescement, elle se rebiffa et se posa en victime. Une pétition circula pour protester contre son limogeage, tout en omettant d'en expliquer les raisons. Comme de surcroît elle était déléguée syndicale, de bonnes âmes crièrent à la répression anti-syndicale. De rechef, articles dans la presse. Dans l'intrigue de Monum, le dérisoire le disputait cette fois au grotesque.

Ce fut la goutte d'eau de trop. Catherine Tasca me convoqua à nouveau. Puisque les tensions persistaient, je devais partir. A moins d'un mois du premier tour des élections présidentielles, le ministère de la Culture cédait devant la meute et me donnait en pâture.

Ainsi la cause immédiate de ma chute était un misérable incident provoqué par une collaboratrice de second rang, et monté opportunément en épingle... Mais je n'étais pas dupe. Cette petite affaire n'eût-elle pas existé, d'autres occasions auraient été pareillement inventées de toutes pièces pour attester la persistance de difficultés internes. Ce qui était en cause était la capacité de résistance de l'instance politique.

Je rédigeai ma lettre de démission et la remit à la ministre le 25 mars. Ainsi se termina l'aventure de Monum.

Quelques jours plus tard, en guise d'épilogue, se déroulèrent des opérations culturelles que nous avions préparées : installation d'une sculpture d'Alain Kirili à l'abbaye de Montmajour, chorégraphie d'Emmanuelle Huynh à la Conciergerie, programme musical au palais Jacques Cœur de Bourges, installation d'une œuvre de l'artiste Klaus Pinter au Panthéon. La presse ne tarit pas d'éloges sur la qualité de ces manifestations. Le projet de Monum redevenait ce qu'il était déjà, mais qui avait été caché par la nuée...

Le Figaro en particulier fit un article louant l'œuvre de Klaus Pinter.., mais se garda bien de dire que Monum l'avait montée et financée. Seul était cité l'administrateur du monument, en omettant son appartenance à l'institution...

Extraordinaire aveu, en vérité. Oui, cette œuvre d'art dans un monument historique est de qualité, mais il sera tu obstinément ce qui a permis son existence. Oui, la création dans un joyau du patrimoine est possible mais à condition qu'elle constitue un simple événement, isolé, ponctuel, non relié à un tout, c'est-à-dire à une politique qui le porte et l'explique. Ainsi, l'art contemporain n'est admis que rendu à l'avance inoffensif et comme domestiqué par sa réduction à l'état d'objet non reconductible, de phénomène non reproductible ailleurs, que dépris par conséquent de son pouvoir d'interpellation de l'environnement historique et architectural dans lequel il s'insère.

Début avril, une lettre ouverte signée par plusieurs dizaines d'architectes, d'artistes, de metteurs en scène, de directeurs d'institutions culturelles, circula dans les milieux culturels. Elle exprima leur soutien au projet de Monum et leur inquiétude quant à l'avenir. Elle se terminait par une citation de propos tenus par la ministre : « l'art, c'est fait pour que les politiques ne s'endorment pas, que les peuples ne s'endorment pas. »

Sommes-nous tombés à cause, non pas du projet lui-même, mais de la manière dont il a été mis en œuvre ? Cette objection a été faite. Assurément, un « ressenti » s'est exprimé chez certains cadres de l'établissement, blessés sans doute par des attitudes perçues à tort comme vexatoires. Des conflits de personne ont donné le sentiment d'une équipe désunie. La communication interne n'a pas été à la hauteur de la demande potentielle des agents. Quant à la communication externe, l'accent a été mis volontairement sur l'action culturelle, car la loi des médias demande de souligner ce qui est neuf, dès lors qu'il s'agit de moderniser une image et de toucher un public. De ce fait les opposants ont fait croire à l'abandon des missions patrimoniales.

Ces difficultés de mise en œuvre expliquent-elles l'échec du projet ? Rendent-elles compte de l'étonnante et haineuse levée des boucliers ? Ce serait rester à la surface des choses, même s'il faut convenir que le fond est indissociable de la forme. Les attaques contre les personnes cachent toujours les attaques contre une politique. C'est bien le contenu du projet qui était visé.

Les chapitres qui suivent proposent les explications de fond, et invitent à une réflexion plus générale.

CHAPITRE IV

L'enfermement patrimonial

Les professionnels de la profession

Si la cause de la défense du patrimoine fait aujourd'hui l'objet d'un large consensus, au moins en principe, c'est parce que la société a évolué - à la période des grands aménagements des décennies soixante et soixante-dix, qui ont parfois fait des dégâts, a succédé celle de la protection de l'environnement et du cadre bâti – mais c'est aussi parce que ceux qui en ont la charge ont su être à la hauteur de l'enjeu et ont œuvré avec dévouement et professionnalisme.

La France a quarante mille monuments historiques protégés, et aussi trois cent mille objets mobiliers, et est sans doute avec l'Italie le pays qui possède le patrimoine monumental le plus important.

La fonction de protection a été jusqu'ici surtout une mission « régalienne » : réglementer, assurer la maîtrise d'ouvrage et le financement des travaux..., c'est l'Etat qui a eu la main. A cet effet de grandes lois ont été établies : 1913 pour les monuments historiques, 1930 pour les sites, 1962 pour les secteurs sauvegardés. Une administration du patrimoine a été créée, des métiers se sont développés, des entreprises se sont spécialisées. Cette administration est née en 1830, lorsque François Guizot proposa à Louis-Philippe la création d'une inspection générale des monuments historiques confiée d'abord à Ludovic Vitet, puis à Prosper Mérimée ; elle a donc plus de cent soixante-dix ans. De son côté, le recrutement des architectes en chefs des monuments historiques a commencé en 1895. Aujourd'hui, outre le service central, la Direction de l'Architecture et du Patrimoine (DAPA), ce sont les Directions Régionales des Affaires Culturelles (DRAC) et les Services Départementaux de l'Architecture et du Patrimoine (SDAP), qui assument au quotidien les missions patrimoniales. Répertorier et inventorier, restaurer, entretenir.., des corps de fonctionnaires existent (conservateurs du patrimoine, vérificateurs des monuments historiques, agents d'accueil et de surveillance…), et des architectes spécialisés assument l'entretien, la surveillance et la maîtrise d'œuvre des travaux : Architectes en Chefs des Monuments Historiques, Architectes des Bâtiments de France. Des chercheurs, des historiens d'art les entourent, constituant l'environnement intellectuel. La technicité, la scientificité, le savoir-faire de l'ensemble de ces professionnels sont incontestables, et du reste souvent enviés à l'étranger. Grâce à eux, le patrimoine de notre pays a été sauvé et l'est encore chaque jour même s'il s'agit d'un chantier permanent qu'il faut mener, d'autant plus que les urgences sont nombreuses et que des catastrophes peuvent arriver (incendie, affaissement d'édifice, tempête…).

Pour en avoir rencontré beaucoup, je salue sans ambiguïté la compétence, l'abnégation, l'érudition de la plupart qui, ayant de plus une haute idée de leur mission, sont souvent d'éminents serviteurs de l'Etat.

Leur action est d'autant plus méritoire que les moyens sont insuffisants. L'Etat consacre chaque année trois cent millions d'Euros (deux milliards de francs) à la restauration du patrimoine. C'est beaucoup, et pourtant c'est trop peu : bien des chantiers sont en attente, faute de crédits. Cette situation a été si souvent décrite qu'il n'est pas besoin d'y revenir. Le déficit en moyens humains et administratifs des conservations régionales des monuments historiques ou des services départementaux de l'architecture et du patrimoine est un autre fait. Il explique au moins en partie la dangereuse sous-consommation des crédits votés chaque année par le Parlement, que la Cour des Comptes n'a pas manqué de dénoncer. C'est le paradoxe : l'argent à la fois manque et est sous-utilisé. La paupérisation rampante de l'administration du patrimoine crée en fait un sérieux malaise. Les SDAP ont été transférés en 1997 du ministère en charge de l'Urbanisme et du Logement à celui du ministère de la Culture. Mais dans l'opération, les gommes, les crayons, les bons d'essence ont été rabotés : La mauvaise humeur s'est installée.

Ces services, fiers de leurs spécificités, sourcilleux sur leurs prérogatives sont aujourd'hui sur la défensive. C'est là un premier élément d'explication. Le sentiment de dénuement ou d'impuissance n'incite pas à accueillir favorablement l'innovation, et le projet culturel de Monum a paru une source d'embarras, de difficultés ou de travail supplémentaires.

Le milieu patrimonial ne se réduit cependant pas à son appareil administratif. La moitié (49,8% exactement) des quarante mille monuments historiques appartient à des personnes privées. Quant à la propriété publique, elle est à 44% celle des communes, qui disposent à leur tour de fonctionnaires spécialisés (conservateurs territoriaux du patrimoine, assistants de conservation...), si bien que l'Etat ne détient que 4,4% de l'ensemble du parc. Des associations regroupent une partie des propriétaires privés (La Demeure Historique, Les Vieilles Maisons Françaises...), qui coopèrent avec les pouvoirs publics. Les propriétaires privés dépendent de l'Etat à la fois par les subventions allouées en cas de travaux et par les incitations fiscales.

Au fil des ans, beaucoup d'associations se sont constituées, d'aide aux édifices protégés et à leurs collections ou bien de défense de sites ou monuments menacés. Leur rôle n'est pas négligeable, de sorte qu'à côté de l'Etat existe dans le patrimoine une forme de société civile. La puissance publique et ses agents gardent cependant le contrôle du système par leurs instruments réglementaires et financiers, et l'initiative des individus et des entreprises est bien loin d'être ce qu'elle est dans d'autres pays. Lorsque la Fondation du Patrimoine a été créée à l'initiative de Philippe Douste-Blazy pour aider à la conservation et à la restauration du patrimoine non protégé, le modèle du National Trust britannique, qui rassemble des centaines de milliers de donateurs comme de bénévoles, avait été évoqué. Mais l'audience acquise et le rôle réel de ladite fondation, quelle que soit la bonne volonté de ses responsables, n'en ont pas fait encore jusqu'ici un acteur incontournable du patrimoine.

Le savoir, c'est aussi le pouvoir. C'est d'autant plus le cas pour les professionnels du patrimoine que leur savoir s'exerce à l'ombre et au service de la puissance tutélaire de l'Etat. Un certain cloisonnement des services, s'il distingue les métiers et les compétences, préserve aussi le pré carré de chacun : archéologues, conservateurs des monuments historiques, conservateurs de l'inventaire, ethnologues... Ce sont ces services qui formellement prennent les décisions : subventions, classements ou inscriptions, lancements de travaux... Mais l'on sait que pour les monuments, un personnage joue un rôle-clef, l'architecte en chef des monuments historiques. Celui-ci a le monopole des travaux sur les immeubles classés. En principe, il est seulement maître d'œuvre ou expert. En fait, il est en bien des cas le réel décideur. C'est lui qui à la fois établit les projets, fait les études et dirige l'exécution des travaux. C'est lui aussi qui choisit les entreprises agréées, et recommande le montant de la subvention. Professionnel privé, il a dans sa fonction une mission de service public. Le caractère inflationniste d'un système où le prescripteur est aussi l'exécutant des travaux a souvent été dénoncé ; la rémunération de l'architecte en chef varie selon le niveau des prix et un barème de complexité fixé par lui-même. Enfin le contrôle est exercé par l'Inspection Générale des Monuments Historiques, mais celle-ci est composée d'architectes en chef...

Le système est ainsi verrouillé, et tout le monde, bon gré mal gré, s'en accommode. La politique de son côté, s'en est remise aux techniciens.

Depuis une quinzaine d'année un nouvel intervenant est entré dans le jeu : l'administrateur de monument nommé par Monum, (lorsqu'il s'agit de monuments nationaux ouverts au public). Il y en a à présent une cinquantaine, soit à peu près autant que d'architectes en chef. Leur métier est celui, non pas d'un scientifique spécialisé dans le patrimoine, mais d'un généraliste, puisque leur tâche est l'accueil du public : mise en valeur des aspects architecturaux et patrimoniaux, gestion des personnels et des budgets, programme culturel, développement touristique... C'est pourquoi leurs profils, leurs origines et leurs compétences sont variés : parfois ce sont des professionnels du patrimoine, parfois ce sont des gestionnaires, parfois ce sont des experts de l'action culturelle. Les conservateurs du patrimoine cependant voient dans ce métier une zone naturelle d'expansion et de débouché professionnel pour leur corps. Pour ma part, j'ai maintenu cette diversité, gage de richesse et de pluralité d'expériences, et, selon les cas, selon la spécificité du monument et les enjeux du moment, fait appel à tel ou tel profil. Alors pour avoir recruté ponctuellement d'anciens directeurs de scène nationale ou inspecteurs de la création artistique, le bruit se répandit dans le milieu patrimonial que je voulais évincer les conservateurs au profit de responsables de théâtre ou d'arts plastiques, bien sûr dénués de la moindre connaissance du champ de compétence que ceux-ci ont vocation à couvrir.

Le système patrimonial est à présent confronté à une évolution qui concerne, au-delà même du seul ministère de la Culture, l'ensemble de l'Etat. Le rôle de ce dernier se trouve de plus en plus relativisé par la montée en puissance croissante de deux catégories d'acteurs. Par le haut, au niveau supranational, c'est-à-dire de l'Union Européenne. Le monopole des architectes en chef des monuments historiques est-il compatible avec le droit de la concurrence européenne ? La question est posée, et si tel n'était pas le cas, un véritable séisme frapperait le système. Ce qui est arrivé aux quatre cent commissaires-priseurs français peut-il ne pas arriver aux cinquante-cinq architectes en chef ?

Il est vrai que l'alternative n'est pas simple à concevoir, et une libéralisation sans contrôle risque de porter atteinte à la qualité des restaurations. Mais ne faut-il pas déjà clairement poser le problème ? Pour l'instant l'administration, embarrassée, préfère éluder plutôt qu'anticiper.

Par le bas, c'est-à-dire au niveau des collectivités territoriales. Les élus locaux veulent davantage de responsabilité dans la gestion du patrimoine. Michel Duffour, le secrétaire d'Etat au Patrimoine et à la Décentralisation Culturelle, a mis en place des protocoles de décentralisation culturelle. La récente loi sur la démocratie de proximité autorise les collectivités territoriales à mener des expérimentations, afin d'exercer les compétences de l'Etat en matière d'inventaire, d'inscription, d'instruction des mesures de classement.

A terme, c'est un profond bouleversement des habitudes acquises et des pouvoirs qui se profile. Dans l'immédiat, c'est une nouvelle source de trouble pour ceux, parmi les professionnels du patrimoine, qui exercent dans la fonction publique d'Etat et constituent la technostructure du système.

Les vêpres du patrimoine

Le milieu patrimonial, comme tous les milieux, n'est pas absolument homogène : des sensibilités diverses peuvent s'y exprimer, des débats y avoir lieu, des chapelles quelquefois s'y diviser. L'objet patrimonial cimente cependant une culture commune, un corps de valeurs partagées. Un consensus existe, qui vient de loin : il est ancré dans la mémoire du pays, il s'enracine dans les siècles passés, il se nourrit de la détention d'un héritage, du souci de la transmission, de la préservation du savoir. Dans la géographie politique des professions culturelles, les cinéastes, les hommes de théâtres, les plasticiens sont réputés être majoritairement de gauche ; les responsables du patrimoine en revanche sont plus facilement étiquetés à droite.

Il est de fait qu'un certain positionnement idéologique peut expliquer des attitudes ou des résistances. Ainsi, la confusion longtemps entretenue entre le patrimoine et le système des beaux-arts a expliqué la réticence durable d'une partie des milieux patrimoniaux à l'égard de l'architecture du XXe siècle, du patrimoine industriel et commercial, et même du patrimoine rural. Aujourd'hui encore, les édifices protégés issus des XIXe et XXe siècles ne constituent que 14,2% de l'ensemble des immeubles protégés. (1).

A cet égard, la situation est encore plus caricaturale si l'on considère les monuments relevant de Monum. Sur les cent-quinze monuments ouverts à la visite, seuls quatre sont issus des deux derniers siècles, et seul un est vraiment représentatif de l'architecture du siècle dernier, la Villa Savoye construite par Le Corbusier. Ce n'est pas un hasard, ni le simple effet de la faiblesse des crédits dont disposerait l'Etat pour acheter de nouveaux immeubles. C'est le fruit d'une vision périmée, ou à tout le moins restrictive, du patrimoine dont « l'ex-Caisse » a peut-être encore davantage été porteuse que son ministère de tutelle. Si l'on veut dès lors que le Centre des Monuments Nationaux représente dans toute sa diversité l'histoire de l'architecture de notre pays, il convient de proposer un programme résolu et ordonné d'acquisitions pour remédier à un tel manque. On en est pourtant loin : la tendance spontanée des services de l'Etat est encore d'étendre le périmètre des monuments nationaux à

(1) ministère de la Culture et de la Communication chiffres clés 2001.

tel site gallo-romain ou à telle Maison de l'Oeuvre de cathédrale. De la même façon, Monum devrait à mon sens rapidement être en charge d'une friche industrielle, afin d'y soutenir des projets artistiques interdisciplinaires et expérimentaux. Une telle idée risque de passer pour farfelue selon le mode de pensée encore en vigueur. Pourtant, pourquoi un établissement public sous tutelle du ministère de la Culture ne ferait-il pas ce que font d'ores et déjà des collectivités territoriales ?

Le conservateur... conserve. Il préserve et lègue aux générations futures des œuvres, des collections, des édifices. Il est aussi un médiateur : il met en relation l'objet et le public. Il présente, expose, montre. Il ne garde pas l'objet dans une réserve lorsqu'il s'agit d'un musée, ou derrière un enclos, lorsqu'il s'agit d'un monument. La question qui se pose est de savoir s'il n'advient pas parfois en dépit de cette assertion de principe que surgisse l'oubli du deuxième terme de la médiation, le public. Catherine Clément, dans un livre paru en 1982, (1) disait à propos des conservateurs : « Ils gardent comme seule relation l'objet avec eux-mêmes, en circuit de fantasme fermé... Les conservateurs sont régis par une certaine idée du patrimoine, plus puissante encore que l'idée de la Nation... Leur secret mot d'ordre est : tout passe, les fractures de l'histoire, les régimes, les gouvernements... » Vingt ans plus tard, le monde a profondément changé et ses mutations ont aussi touché le milieu patrimonial. Ainsi, beaucoup de musées ont fait leur mue et avec eux leurs responsables. Pourtant est-il certain que la tentation du repli narcissique décrite en ces formules ramassées par Catherine Clément ait aujourd'hui disparu ?
Bien sûr, on pourra objecter que les effets pervers de la

(1) Catherine Clément « Rêver chacun pour l'autre » Fayard 1982.

surpopulation touristique à certaines périodes de pointe peuvent aboutir à la dégradation du patrimoine dans les monuments les plus fréquentés. Et de citer Venise, Florence, ou encore plus près de nous, le Mont-Saint-Michel aux premiers jours du mois d'août ou le château de Versailles. Les faits sont têtus cependant : nonobstant quelques cas précis, le problème majeur du patrimoine monumental, pour ce qui est de son rapport avec le public, n'est pas celui de sa sur-fréquentation, mais de sa sous-fréquentation.

La conservation du patrimoine a fortement à voir avec deux notions, celles de temps et de propriété. Le temps use et altère. Mais le patrimoine est précisément ce qui résiste au temps, ce qui demeure malgré tout, ce qui ne disparaît pas. Le rythme qui préside à la fonction d'entretien et de restauration n'est dès lors pas celui que nécessitent son usage ainsi que l'accueil du public – nonobstant les urgences dues à la menace d'effondrement ou à des dégâts imprévus –. Une anecdote peut être narrée à ce sujet. Dans un monument, nous avions souhaité entreprendre des travaux légers d'aménagement pour permettre l'implantation provisoire d'une équipe artistique, en attendant des travaux plus lourds et complexes présidant à une implantation définitive. « Combien de temps va durer cette période provisoire ? Cinq à dix mois ? » questionnai-je ingénument. On me répondit, impassible : « Non, cinq à dix ans... »

Le patrimoine ne se conçoit pas sans la propriété. Les châteaux et les forteresses, les abbayes et les monastères ont toujours été la propriété du Roi ou de l'Eglise, d'un duc ou d'un grand bourgeois, d'un individu ou d'une famille qui ont construit ces édifices, y ont vécu, les ont transmis à leurs successeurs. Les grands monuments sont à présent propriété de la Nation. Ceux qui en ont la garde manifestent presque toujours un profond attachement, et même une vraie passion à l'égard de ce patrimoine qu'ils côtoient chaque jour et quelquefois dans lequel ils vivent. D'une certaine manière, ils se l'approprient, par la connaissance qu'ils en ont, par les travaux qui portent leur marque, par les projets qu'ils y déploient. Un certain sentiment de possession a pris le relais de la propriété juridique des murs. A tout le moins la certitude peut chez eux naître avec les années, que, bien davantage que l'autorité politique ou administrative qui vient épisodiquement visiter le lieu, ils savent ce qui peut être fait ou pas dans ce monument, ce que celui-ci peut accepter ou pas d'intervention extérieure, ce qu'il peut devenir. Alors, à l'abri du regard du monde, dans le silence des pierres patinées par le temps, se célèbrent ces « vêpres du patrimoine » comme l'a dit joliment un jour un administrateur de monument.

Ces pesanteurs psychologiques et sociologiques induisent le corporatisme. Les conservateurs n'en ont certes pas le seul apanage. Il n'est pas de métier ou de corps qui soit à l'abri. Ici comme ailleurs le corporatisme entraîne la défiance à l'égard de la nouveauté, la défense des positions acquises, la vigilante solidarité des connivences. Mais dans le secteur du patrimoine, il trouve de plus l'appui de relais d'opinion ou de réseaux d'amitié qui partagent une même vision du patrimoine. Il en va aussi de certaines associations d'amis de châteaux ou de sites. Ainsi dans un monument national, Monum et la DRAC avaient décidé d'un commun accord d'y installer un café-restaurant, et d'autoriser que, pendant les quelques semaines de l'été, le concessionnaire implante une terrasse faite de quelques tables, chaises et parasols choisis avec le plus grand soin, dans la cour du monument. Cette perspective suscita l'ire des conservateurs, ainsi que de l'association de défense du monument, qui y virent une insupportable atteinte à l'intégrité du lieu. De manœuvre aussi tortueuse que dilatoire en mini-campagne de presse, il fallut faire remonter le dossier au niveau central pour obtenir un (discret) feu vert, gagné de haute lutte.

Le personnel de Monum est, davantage que les conservateurs *stricto sensu*, au contact quotidien du public : les agents d'accueil et de surveillance, le personnel de la billetterie et des comptoirs de vente, l'administrateur du monument lui-même. Nombre d'entre eux, dans des conditions de travail parfois difficiles, témoignent de leur compétence, de leur dévouement, ainsi que d'un réel amour de leur métier. L'image commode, de temps à autre véhiculée, de personnel démotivé, travaillant peu, voire s'adonnant à la boisson dans les communs du monument quand ce n'est pas devant les visiteurs, est évidemment démentie par les faits. Il reste que « la culture d'entreprise » est plutôt celle de l'attente des publics que de leur conquête. Le patrimoine reçoit, mais ne va pas chercher... C'est ce constat qui justifie la démarche d'adaptation du service public évoquée plus haut.

Le personnel de l'établissement est constitué soit de fonctionnaires, soit d'agents contractuels. L'absence de mobilité et la rigidité des statuts conduisent parfois les uns et les autres à exercer leurs fonctions sur le même site pendant de nombreuses années, et quelquefois la totalité de la carrière. Enfants du pays ils sont, personnel du monument ils demeurent... Cette situation, qui peut avoir des avantages, risque de provoquer routine et désinvestissement dans le travail.

Il était une fois un monument, petit avantage par le nombre de ses visiteurs que par sa taille, et perché sur une haute montagne. Les membres du personnel, qui se comptaient sur les doigts de la main, vivaient dans une non moins petite commune habitée par quelques âmes. Longs étaient les mois d'hiver enrobés de neige blanche... Les membres de cet involontaire compagnonnage partageaient le même travail, allaient dans le même café, se ravitaillaient dans la même épicerie. Un jour une dispute éclata et l'on se révolta contre le chef... L'on s'accusa mutuellement de vilains maux. Le chef, puisque c'est son rôle, frappa. Le maire protesta. Une plainte accusa. La maréchaussée diligenta, enquêta, convoqua. Un mot s'avança alors, jusqu'alors inconnu dans cette contrée si reculée, un mot obscur et alambiqué : « harcèlement moral »… La justice de notre pays appréciera.

La morale de cette petite fable, qui naturellement n'a rien à voir avec des faits présents ou passés, est la suivante : l'enclos patrimonial, pour reprendre l'expression de Françoise Choay (1) peut devenir un huis clos.

Il était une autre fois un grand monument que l'on venait visiter de la terre entière. Son faîte était surmonté d'un archange. Dans des temps immémoriaux et tout de foi assoiffés, il fut construit avec l'aide de Dieu (et, on le suppose, des milliers de mains humaines). Ensuite, les siècles républicains l'avaient annexé. Le monument, en application de la loi des hommes, n'était plus consacré à l'exercice du culte mais à la prosaïque visite de tous les publics. Un jour, après la naissance d'une nouvelle république, un auguste ministre qui était aussi un illustre écrivain, ainsi qu'un esprit ouvert et tolérant, autorisa une petite troupe, appelée communauté religieuse, à y demeurer. Ladite communauté vécut heureuse et en bonne intelligence avec la grande communauté des laïcs, puis vieillit et s'étiola.

C'est alors qu'une autre communauté déposa pareille requête pour reprendre ce noble flambeau. Les autorités respectives, l'une représentant le Clergé et ses valeurs spirituelles, l'autre la République et ses principes laïques se concertèrent. La première s'appelait « l'évêque » dit l'association diocésaine, le second s'appelait « le président », dit Monum. Animées d'un esprit constructif, elles étaient toutes deux soucieuses de s'entendre et pensaient même que

(1) Françoise Choay « L'allégorie du patrimoine » Seuil 1992.

les missions des deux parties étaient complémentaires.

Mais la nouvelle communauté, avec la foi qui parfois remue les montagnes, mais ne désensable pas forcément les baies, s'agita et agita. Elle fit pression, alerta la presse, saisit de très hautes autorités. Le « président », toujours conciliant, resta impassible mais découvrit que, dans l'appareil de l'Etat, l'autre partie avait de fort sérieux soutiens. Lui et « l'évêque » s'accordèrent sur un important document, appelé « La convention ». La susdite définissait le nombre des heureux et nouveaux arrivants, leurs locaux, les espaces et les modalités de célébration des offices religieux. La susdite fut signée très officiellement. Le jour d'après, cependant, la nouvelle communauté, ayant à peine déposé ses valises, protesta : trop petit le nombre, trop exigus les locaux, trop restrictifs les espaces et les modalités... Re-pression, re-campagne de presse, re-hautes autorités.

Ah ben, ça alors ! dit le président. « La convention » est-elle un chiffon de papier ?

Les négociations pourtant reprirent. De nouveaux arguments furent échangés. Des aménagements de détail furent apportés. On promit de se revoir plus tard, pour faire le point, et en effet on se revit vraiment. Des concessions furent acceptées par le président : augmenté le nombre, modifiés les espaces et les modalités...

« L'évêque » et le « président » se congratulèrent. L'affaire était enfin close.

C'est alors qu'une voix dans la communauté susurra : « à propos, trop petit le nombre... »

La morale de cette fable, qui, elle aussi et naturellement n'a rien à voir etc.., est laissée à l'appréciation de chacun.

Cachez ce jaune que je ne saurais voir

Ah ce jaune vif ! C'est l'une des couleurs de l'œuvre contemporaine de Daniel Dezeuze, présentée dans la grande salle de réception de l'Hôtel de Sully. Du bleu, du rouge, et aussi ce jaune... Strident, cassant, insultant, dirent les détracteurs résolus à faire connaître leur indignation devant ce qui ne pouvait être qu'une palinodie. Bref, l'atteinte caractérisée à « l'esprit des lieux », la preuve même de notre irrévérence, de notre insouciance, et de notre mépris à l'égard du patrimoine. L'affaire fit le tour de Paris et émut, paraît-il quelques provinces.

Que n'a-t-on pas dit, pour la dénigrer, à propos de cette œuvre de Daniel Dezeuze, lequel, rappelons-le au passage, est un grand artiste, et avait déjà, au moment où cette œuvre a été créée, une belle carrière derrière lui, commencée avec le groupe « Supports-Surfaces » ? Petit retour sur quelques arguments entendus...

« Il s'agit d'un acte princier et arbitraire du Président de Monum et de son équipe » Mais, un appel d'offres a eu lieu, quinze artistes ont candidaté, et Daniel Dezeuze a été choisi par un jury composé d'artistes et de représentants de l'Inspection de la Création Artistique et de l'Inspection des Monuments Historiques.

« Le président a fait des travaux pour sa convenance personnelle alors que les locaux du personnel sont miteux ! » Les travaux ont concerné les espaces de réception et les bureaux de la présidence, tandis que d'autres aménagements ont simultanément eu lieu dans plusieurs services pour améliorer les conditions de travail des agents.

« Le coût est exorbitant, quatre millions de francs, voilà bien un luxe inutile ! » Le coût de l'œuvre de Daniel Dezeuze n'est que de six cent francs (quatre-vingt mille euros).

« Les espaces et éléments historiques de l'Hôtel de Sully sont démantelés ». Les espaces historiques n'ont pas été touchés par les travaux, et ceux-ci ont concerné des espaces dont la décoration est au contraire récente puisqu'elle a été faite dans les années cinquante du siècle précédent.

Que signifiait donc cette polémique ? Etait-ce, à un échelon moindre, la réédition de celles qui avaient autrefois éclaté à propos des colonnes de Buren au Palais Royal ou de la Pyramide de Pei au Louvre, deux créations contemporaines dans un espace historique qui, au moment de leur installation, avaient suscité de virulentes oppositions ?

Il serait aisé d'avancer l'explication fondée sur l'éternel conflit entre l'Académie et l'avant-garde, les Anciens et les Modernes. Certains en effet, qui confondent conservation et conservatisme, s'opposeront toujours, de toute leur fibre, à l'irruption du nouveau, et à son intrusion, jugée par essence inacceptable, dans un espace historique. Mais on pourrait à bon droit objecter que le système patrimonial, même si ce fut en traînant passablement les pieds au début, et parce que l'administration culturelle sut alors faire preuve de quelque volontarisme, a fini par accepter que des œuvres d'art soient installées dans les monuments historiques. Des commandes publiques ne sont-elles pas régulièrement passées à des artistes à cette fin ? Une section spécialisée de la Commission Supérieure des Monuments Historiques ne se prononce-t-elle pas à leur sujet ?

Certes la création artistique contemporaine a été admise ici où là, dans des conditions précises, et sous réserve de l'imprimatur préalable des gardiens vigilants du temple. Mais il ne suffit pas d'autoriser une œuvre de Pierre Soulages à l'abbatiale de Conques, de Claude Viallat à l'église Notre-Dame des Sablons à Aigues-Mortes ou encore plus récemment de Sarkis à l'abbaye de Silvacane pour ouvrir les monuments à la vie culturelle d'aujourd'hui. De telles réalisations démontrent avec éclat que l'art contemporain peut s'inscrire dans l'édifice le plus vénérable, mais elles demeurent ponctuelles et de ce fait isolées.

L'enjeu est ailleurs : ouvrir les monuments à l'art d'aujourd'hui, ce n'est pas seulement programmer des spectacles ou passer des commandes publiques, c'est faire passer le message qu'une autre appréhension du patrimoine est possible à notre époque, et que celui-ci, bien loin d'être l'instrument d'un retour nostalgique à un passé figé, peut devenir l'espace public d'un rappel de nous-même à l'avenir.

C'est pourquoi l'installation d'une œuvre d'art à l'Hôtel de Sully était non pas un geste « événementiel », mais un symbole, le symbole d'une politique globale et ordonnée de dialogue entre le patrimoine et la création qui devait non seulement être mise en place, mais encore être expliquée et détaillée comme telle.

« L'esprit des lieux » a bon dos. Il est le commode alibi du rejet de ce projet d'ensemble, qui a été en effet perçu pour ce qu'il était et, a dès lors inquiété, voire angoissé. Et c'est pour cette raison que la chasse aux sorcières de la modernité a été opportunément réouverte, au détriment des vraies questions.

Pourquoi ne reprend-t-on pas dans les monuments historiques le processus continu, puis interrompu, de création artistique qui les avait marqués pendant des siècles, chaque génération enrichissant la forme ancienne, en la complétant ou en la remaniant ?

Et pourquoi cache-t-on le fait que de telles créations furent souvent constitutives de vraies ruptures avec le patrimoine, avant d'être elles-mêmes « patrimonialisées », et sans doute au détriment du fameux esprit des lieux, à la fois force invisible et génie créateur, qui du reste ne saurait être ni une cible en soi ni une arme dissuasive ?

Le devoir de vigilance, de rigueur scientifique et de fidélité à l'histoire qui inspire à présent les normes et techniques de réhabilitation doit-il paralyser la création, au risque de ne pas insérer le patrimoine dans le cycle de la vie ? (1).

L'identité d'un lieu, - et aussi plus généralement d'une communauté ou d'un pays – est-elle un système de valeurs ou une instance en mouvement ?

Le patrimoine, du fait qu'il est visité par des millions de gens chaque année, peut-il oui ou non, devenir cet espace où peu à peu l'art d'aujourd'hui se réconcilie avec la société, parce que le premier n'est pas voué à être « élitiste », et la seconde pas réductible à ce « goût commun » qui, censé caractériser les sentiments de la majorité de nos concitoyens, leur dénie *ipso facto* leur part d'intelligence, de sensibilité et de rêve ?

Et la société ?

Patrice Beghain écrit (2) : « Le patrimoine monumental lui-même, qui porte souvent une identité close, peut contribuer à tisser ces liens (le lien social), à condition que l'on considère que ce n'est pas le monument lui-même qui porte l'identité, mais la relation que nous entretenons avec lui, et qui peut être élargie à des communautés que rien historiquement n'attache à ce monument ».
Les neuf millions de visiteurs des monuments nationaux (Cf. supra chapitre II) insèrent assurément le patrimoine de l'Etat dans l'industrie du tourisme culturel, mais pas dans son territoire. Cette consommation du patrimoine, qu'il ne s'agit pas par ailleurs de dissuader, mais

---

(1) Cf. à cet égard le livre de Jacques Rigaud « l'exception culturelle » Grasset 1995.
(2) Patrice Beghain « Le patrimoine : culture et lien social » La bibliothèque du citoyen, Presses de sciences Po 1998.

d'encourager, ne suffit pas à constituer une politique globale de mise en valeur du patrimoine, dès lors, encore une fois, que l'on admet que celle-ci peut contribuer à former une pensée de la mémoire, à élargir l'espace de la réflexion critique, individuelle ou collective, à consolider tout simplement les valeurs de la démocratie et du « vouloir vivre » ensemble.

C'est pourquoi la politique de Monum était l'insertion des monuments dans leur tissu économique, social, culturel, et la réinscription de ce patrimoine dans un projet culturel.

Les monuments nationaux n'avaient jusqu'ici aucun lien avec la politique culturelle d'aménagement du territoire. Une opportunité se présentait, « les schémas des services collectifs culturels », prévus par la loi d'orientation pour l'aménagement et le développement durable du territoire. Il était évident de notre point de vue, que le réseau des monuments de l'Etat devait y prendre sa place. Nous fîmes la proposition. L'administration culturelle nous regarda hébétée, perplexe, les bras ballants. Comme la tradition d'isolement du réseau était solidement ancrée dans toutes les têtes, et que personne n'avait donc songé à une telle idée, pourtant de bon sens.., eh bien celle-ci ne fut pas retenue, puisqu'elle n'entrait pas dans le cadre de pensée préétablie et que l'y inclure allait sans doute compliquer les choses.

Le patrimoine des collectivités territoriales est fondé à s'inscrire dans les politiques de territoire, le patrimoine de l'Etat non… C'est la logique du cloisonnement. Celle-ci est pareillement à l'œuvre lorsqu'il s'agit de résister à une autre idée, celle de la synergie entre les réseaux d'institutions culturelles (Cf. également chapitre II). Travailler avec les structures relevant du spectacle vivant, du livre ou des arts plastiques, permet de renouer les liens avec le territoire. C'est « recontextualiser » l'objet patrimonial. C'est bien ce qui a fait peur…

« La patrimonialisation » des monuments a permis l'entretien et la sauvegarde d'édifices dont il n'était pas évident autrefois que la collectivité nationale dût en assumer la responsabilité. Elle a eu l'inconvénient de contribuer à rompre leur lien social, et, sinon à les déréaliser, du moins à les transformer en écrins, objets désignés à la réalisation d'une fonction, la visite, dont la seule justification est esthétique, et qui en définitive se transforment en lieux d'un nouveau culte.

Une autre logique doit donc être proposée : celle de la relation de l'objet patrimonial à la société, c'est-à-dire aux femmes et aux hommes d'aujourd'hui, qui avec leurs pratiques de vie, de travail, de transport, de loisirs, habitent un territoire.

Aimer le patrimoine ? L'amour, c'est le don, c'est le partage. L'amour du patrimoine n'est pas seulement contemplation, de fait réservée aux classes cultivées, qui ont les clés de compréhension et les codes esthétiques. Le don, le partage induisent une logique qui va du reste au-delà de la connaissance ou de la promotion du patrimoine, afin que des couches « élargies » de la population y aient davantage « accès ». Le don et le partage induisent l'appropriation par l'autre de ce que l'on détient jusqu'ici soi-même.

Risquons même une hypothèse supplémentaire. Cette appropriation conjointe ne peut-elle être une voie pour changer l'image que nous renvoie le miroir du patrimoine sur lequel nous nous penchons ? Au lieu de la conservation d'une idée de nous-mêmes, qui quelquefois porte simultanément le rejet de l'autre, surgirait une attitude plus créative, permettant d'affronter avec sérénité le présent, et même avec confiance l'avenir.

Il faut conclure. L'aventure de Monum s'est heurtée à une vision du patrimoine qui, si elle est estimable, n'est plus à la mesure des enjeux présents et des attentes des publics, du moins à mon sens.

Au-delà, elle est venue mettre en cause, en son cœur, le sentiment de légitimité d'acteurs du patrimoine encore prompts à considérer que dans « l'enclos », les règles du jeu édictées et appliquées sont immuables. Le dur désir de durer...

Le patrimoine est un service public, mais pour ceux qui en ont la charge ou le détiennent, il est aussi un domaine réservé.

La violente réaction qu'a suscité le projet de Monum montre le malaise d'aujourd'hui, sur fond de possibles changements à venir. Nous fûmes des intrus, qu'il fut commode de rejeter. Mais la manière, qui révèle la peur devant un monde qui vacille, n'est pas de bonne augure ; elle atteste le vertige des âmes.

CHAPITRE V

L'affaiblissement du ministère de la Culture

La fin d'un cycle

La nomination de Catherine Tasca rue de Valois satisfit les milieux culturels (Cf. chapitre I). Son action cependant, si elle ne suscita pas de rejet notable, n'a pas non plus emporté une franche adhésion. Les missions traditionnelles de l'Etat ont continué à être remplies, soutien au spectacle vivant, défense du cinéma, etc.., mais il n'a pas été vraiment répondu aux modifications fondamentales qui affectent la culture. Catherine Tasca a su gérer certains dossiers délicats, tels que la succession de directeurs d'institutions culturelles, même si d'aucuns ont pu estimer que le souci de continuité avait, sur ce plan, prédominé sur l'esprit d'innovation. Le budget du ministère a continué à monter, lentement, pour atteindre le fameux 1% du budget de l'Etat, et la ministre a plaidé avec constance pour le rôle de la puissance publique face aux forces du marché, consciente du rétrécissement de l'espace laissé à la création, et plus généralement au domaine de l'esprit, dans une société de plus en plus soumise au poids des médias et à l'extension du domaine marchand.

Son bilan fut au total jugé « terne » par une bonne partie de la presse, et beaucoup de responsables artistiques n'ont pas caché leur déception. La prégnance des grands établissements publics dans le budget et les modalités de leur tutelle, l'asphyxie progressive du ministère, le devenir de la décentralisation, sont autant de questions, parmi d'autres, qui parurent rester en suspens.

La création du Secrétariat d'Etat au Patrimoine et à la Décentralisation Culturelle, confié à Michel Duffour, a été davantage justifiée par des considérations d'opportunité politique – accorder une place supplémentaire aux communistes dans le gouvernement – que par une analyse de fond. Pour autant, celui-ci, homme jovial et serein, d'une ouverture d'esprit incontestable, a su se mettre à l'écoute des artistes et ouvrir de nouvelles pistes, avec « les protocoles de décentralisation culturelle », ainsi qu'avec la mise en chantier d'une politique en direction des « espaces intermédiaires » ou « des nouveaux territoires de l'art » afin de répondre aux mutations de la vie artistique.

A la décharge des responsables de cette période du ministère qui a duré deux ans, il faut remarquer que la marge de manœuvre budgétaire était fort réduite, et que, à l'approche des échéances électorales, il s'est agi de « rassembler », en confortant les acquis, davantage que de lancer de nouveaux projets. Il n'est donc pas étonnant que la gestion des institutions culturelles ait été privilégiée au détriment de l'exploration de voies de traverse. Nous y reviendrons...

La marge de manœuvre politique était aussi réduite. Lorsque Catherine Tasca émit le vœu d'étendre la rémunération pour copie privée des auteurs et des artistes non seulement aux supports « souples » (CD, DVD, et CD-ROM) mais encore aux disques durs des ordinateurs, le gouvernement s'y opposa fermement, dans un contexte où il souhaitait convaincre l'opinion publique de sa détermination à baisser les impôts. Devant le tollé suscité par ce qui fut appelé avec inexactitude « taxe sur les ordinateurs », la ministre dut battre en retraite.

Certaines mesures législatives ou réglementaires ont été par contre adoptées, mais au caractère plus technique : loi sur les musées, création de l'établissement public de coopération culturelle, transformation du fonds de soutien aux variétés en établissement public... De même un accord équilibré a été trouvé, à propos du délicat sujet du prix du livre, entre les éditeurs et auteurs, les bibliothécaires et les collectivités territoriales.

Un commentaire particulier doit être fait à propos de la politique d'éducation artistique. Pour la première fois, un plan d'actions ambitieux et d'envergure a été lancé par les deux ministères de l'Education et de la Culture. L'expérimentation en ce domaine date des années quatre-vingt. Le programme annoncé et mis en œuvre vise sa généralisation, et on ne peut que s'en réjouir.

Au total, c'est le bilan de la législature (1997-2002) dans le domaine culturel qui apparaît mitigé. L'exception culturelle a été préservée, le budget a remonté, le service public de la culture comme de l'audiovisuel a été derechef considéré comme un atout qu'il convient de défendre. Mais tout se passe comme si le cœur n'y était plus, comme si les pouvoirs publics manifestaient une certaine lassitude.

La culture était-elle encore une priorité avérée du gouvernement ? Aucun procès d'intention ne peut être fait, mais force est de considérer que les principaux dirigeants du pays, de droite comme de gauche, n'ont pas paru « habités » par la cause de la culture, à la différence de l'époque mitterrandienne.

Il en alla de même des responsables des collectivités territoriales. La phase d'investissement dans de grandes opérations culturelles est manifestement révolue. Comme l'a déclaré un jour un maire de grande ville : « les années quatre-vingt furent les années culture. Les années quatre-vingt-dix furent les années tramways ». L'enjeu culturel disparut lors de la campagne des élections municipales 2001.

Pourtant lorsque Jean-Marie Messier, l'ex-PDG de Vivendi, déclara la mort de l'exception culturelle française, il souleva un énorme tollé et pas seulement chez les cinéastes, ce qui prouve combien à l'heure de la mondialisation, la culture est devenue un enjeu majeur dans la société.

L'analyse mérite d'être approfondie. La politique culturelle, née au début de la Ve République, a plus de quarante ans. Un premier souffle fondateur a été incarné par la figure emblématique d'André Malraux, et a, notamment, permis le lancement des fameuses « Maisons de la Culture », devenues depuis « scènes nationales ». Un deuxième souffle lui a succédé avec l'arrivée de la gauche au pouvoir. Les acquis de cette période sont importants : croissance sans précédent du budget, grands travaux, reconnaissance de toutes les formes artistiques, réconciliation de la culture et de l'économie...

Aussi bien, en plus de quatre décennies, un chemin considérable a été accompli, même si l'objectif fondamental justifiant la création du ministère de la Culture, « la démocratisation culturelle » – formule du reste périmée ou du moins incomplète, en ce qu'elle suppose d'action du haut vers le bas, sans prise en compte des pratiques culturelles spontanées et susceptibles d'être répercutées vers le haut – est encore loin d'être atteint. Un véritable maillage du territoire s'est dessiné. Un réseau dense d'institutions et d'acteurs culturels existe à présent. L'ensemble des champs culturels est pris en compte, même si c'est à des degrés variables. Enfin une demande de culture s'exprime partout.

Le problème est que ce cycle est en voie d'achèvement. La politique culturelle menée se situe dans le prolongement des impulsions inaugurées par André Malraux et renouvelées par Jack Lang. Elle vit en s'appuyant sur les mêmes catégories d'institutions progressivement mises en place, sur les mêmes modalités de soutien, et rencontre aussi inévitablement les mêmes obstacles et les mêmes limites. Aucune novation majeure n'est intervenue depuis vingt ans dans le cadre préétabli, alors que, on le verra, de nombreuses mutations sont à l'œuvre. Le ministère de la Culture a vécu pendant plusieurs années sur sa lancée, sans paraître s'émouvoir des changements qui s'opéraient autour de lui, ou sans pouvoir les prendre en compte. Il y a un épuisement du modèle français de politique culturelle. Une autre époque gagne à présent à s'ouvrir, non pour détruire ce qui a été fait, mais pour inventer un nouveau cours. En effet, les inégalités devant la culture persistent, les exigences de qualité et de diversité des goûts du public dans l'audiovisuel sont insatisfaites, la place de la France dans le monde en tant que puissance culturelle décline.

Vieux dans la tête

Le mode de pensée encore en vigueur a reposé sur des certitudes. L'Etat soutient la création, protège le patrimoine, promeut la démocratisation culturelle. A ces fins, il constitue une « offre culturelle » : institutions, équipes de production et de diffusion, restaurations de monuments, constructions de musées. L'Etat est le prescripteur, c'est-à-dire, il réglemente, coordonne, impulse, incite : les collectivités territoriales, les associations, les professionnels. L'Etat est central, puis déconcentré : les Directions Régionales des Affaires Culturelles (DRAC), sous l'autorité des préfets appliquent les instructions et répartissent les crédits que leur donne l'administration centrale. L'Etat enfin, est lisible ; chaque domaine culturel ou secteur artistique a sa direction ou service de « rattachement » ou de « tutelle » et cette segmentation se reproduit au sein des DRAC : La direction du Théâtre pour le théâtre, la direction de la Musique pour la musique, la direction du Livre et de la Lecture pour les bibliothèques et les écrivains etc... La spécificité des expressions artistiques et des professions est ainsi reconnue, mais en contrepartie se constitue une administration de clientèles : le poids des directeurs d'institutions, des corps de fonctionnaires et des syndicats influe sur les politiques sectorielles.

Ce schéma a subi des évolutions, mais a gardé sa substance. Aujourd'hui une seule Direction regroupe le spectacle vivant (théâtre, musique et danse) et de même une seule Direction rassemble l'architecture et le patrimoine, c'est-à-dire ce qui est à bâtir et ce qui l'est déjà.

En somme Rome est dans Rome. La création est dans la création et pour les créateurs. Le patrimoine est dans le patrimoine, et pour les conservateurs. Les fonctions dites fondamentales de l'Etat dans le domaine culturel, le soutien à la création, la préservation du patrimoine sont ainsi assurées, et surtout cloisonnées. Ne s'agit-il pas de missions par nature différentes et de métiers qui n'ont rien à voir entre eux ? Peut-être, mais quid du public ? Celui-ci aussi est de la sorte segmenté. Les statistiques ministérielles et les études socio-économiques livrent des indications sur le public du théâtre, celui de la musique, celui des musées, celui des monuments... Tous ces publics seraient compartimentés, sans lien entre eux. Et si quelquefois c'était le même ? Et comment faire pour que des ponts s'établissent, que les publics se croisent, si bien que, par exemple, celui du spectacle vivant puisse aussi visiter les monuments, celui de la musique entrer dans un musée ?

Des Directions à vocation horizontale se sont développées au ministère de la Culture. Mais si celle qui s'occupe des moyens budgétaires et humains a une pleine légitimité, celle qui traite des contenus, à savoir le développement culturel, l'éducation, la ville... a toujours eu le plus grand mal à asseoir sa légitimité. La Direction du Développement Culturel dans les années 80, la Délégation au Développement et aux Formations dans les années 90, la Délégation au Développement et à l'Action Territoriale à présent : autant de sigles, autant de tentatives pour globaliser les questions de politique culturelle, autant de difficultés pour que l'approche horizontale dialogue avec les logiques verticales ou sectorielles.

Il est à noter que le cloisonnement n'est pas l'apanage de la seule administration. Il en va de même des diverses professions culturelles. Celles-ci se mobilisent pour leurs revendications propres et prônent la mise en œuvre de politiques dans leur domaine d'activités. Mais l'idée que les questions des arts plastiques peuvent aussi concerner celles du théâtre, que celles du patrimoine peuvent interpeller celles du spectacle est encore perçue comme inhabituelle ou dérangeante, du moins chez les organisations représentatives desdites professions, car au plan individuel, les esprits évoluent plus vite.

Mais le monde change. Les industries culturelles qu'accompagne le processus de marchandisation ne cessent de croître en importance. Chacune d'elles est encore rapportée à une direction sectorielle du ministère sans qu'aucune vision d'ensemble n'existe à leur égard (l'édition à la direction du Livre, le disque à la direction du Spectacle Vivant, le cinéma au Centre National de la Cinématographie, la presse à la direction des Médias...). La diversité culturelle dans un contexte de globalisation, de développement des nouvelles technologies et aussi de concentration économique et financière devient un enjeu majeur. L'innovation culturelle se développe : nouvelles formes artistiques, nouveaux lieux... La décentralisation ne cesse de progresser, les collectivités territoriales en particulier les communes, étant les premiers financeurs de la vie culturelle.

Face à cette transformation, le ministère de la Culture, arc-bouté sur le soutien des institutions culturelles, grandes ou petites, parisiennes ou régionales, n'a pas les moyens de faire face et n'est pas en mesure de changer les structures. Celles-ci existent, fonctionnent et entendent perdurer. De plus, l'administration culturelle n'a pas une vision claire de ce qu'il convient de faire, ni de la réforme qu'elle devrait s'appliquer à elle-même. Elle est donc sur la défensive.

A propos des institutions culturelles qu'a enfantées la politique d'offre du ministère de la Culture, il convient de préciser que deux griefs distincts leur sont faits.

Le premier est que ces institutions captent de façon mécanique l'essentiel des crédits d'intervention et d'investissement du ministère, qu'il s'agisse des grands établissements publics nationaux (Opéra, Bibliothèque Nationale de France, Musée du Louvre…), ou qu'il s'agisse des réseaux implantés en région (centres dramatiques et chorégraphiques nationaux, scènes nationales etc…) Avec un budget qui d'une année sur l'autre reste constant ou évolue peu, leur existence même empêche tout redéploiement. Le ministère est dès lors piégé par les structures qu'il a créées.

Le second grief est que ces institutions sont elles-mêmes lourdes, étouffantes et bloquées. Les coûts de personnel et de structure consomment l'essentiel de leurs ressources et les marges artistiques sont trop faibles. La « labellisation » des lieux, qui répond à des missions et à des modalités de financements différentes, aboutit à cloisonner les réseaux d'institutions. Un système pyramidal s'est en outre mis en place, notamment dans le théâtre : compagnie aidée sur projet, compagnie conventionnée, centre dramatique national, théâtre national. Pour un créateur souhaitant avoir les moyens de réaliser ses projets, il n'y a pas d'autre voie que de monter progressivement dans cette hiérarchie, en sautant d'une strate à une autre. Mais la mobilité au sommet est faible, ou confine au mouvement préfectoral, de sorte que l'ascenseur culturel, comme l'ascenseur social, se retrouve lui aussi bloqué. Tous les ministres ont été confrontés à ces problèmes : comment faire bouger ce qui est figé, comment renouveler les responsables sans susciter immédiatement de vives et médiatiques réactions de ceux promis au déboulonnage, alors qu'il n'y a pas de débouchés ?

La rigidification progressive de ce système institutionnel public tient aussi aux effets pervers de la médiatisation et des critères de « distinction » des créations, et à la faiblesse de tutelles trop timorées dans la fixation des cahiers des charges et l'évaluation des missions de service public.

Il en résulte deux conséquences. Par-delà l'incontestable réussite de certains projets, trop de créations sont ou seraient faites d'un même moule, au moins économique : à la limite, c'est l'essentielle radicalité des projets artistiques qui est en cause. En outre trop d'institutions culturelles ont ou auraient réduit, voire abandonné leur rôle d'implantation, d'ancrage sur le territoire où elles se situent, négligeant alors leur travail forcément de longue haleine, de liaison avec le public.

C'est ce contexte qui explique que le projet de Monum s'est heurté à des difficultés de compréhension d'une partie du ministère de la Culture.

Insérer les monuments dans leur territoire, en faire des pôles culturels, croiser les réseaux d'institutions culturelles : tous ces objectifs énoncés par l'établissement public ont souvent rejoint les préoccupations des praticiens sur le terrain et des élus locaux, mais ont contredit la logique encore verticale du ministère.

Oui, les monuments de l'Etat peuvent devenir des outils de développement culturel. Mais c'est heurter la vision traditionnelle de la mise en valeur du patrimoine, qui s'effectue sans lien avec les autres champs de la vie culturelle.

Cette pensée « verticale » a à l'évidence marqué, dans son inspiration intellectuelle, les travaux de la mission d'inspection. Il ne s'agit pas de mettre en question l'intégrité ou la qualité des inspecteurs. Mais ceux-ci ne sont en définitive que les petits télégraphistes des *desiderata* du système qui les mandate.

Ainsi, le principal reproche fait par la mission d'inspection à Monum est que, en donnant la priorité à l'action culturelle, il se serait détourné de l'objectif consistant à mettre le public au centre du projet de monument. Autrement dit : La mission de visite est seule fondamentale et l'action culturelle n'est que la cerise sur le gâteau... Or, l'action culturelle n'existe que parce que précisément elle contribue à la recherche, à la conquête et à l'accueil des publics... C'est l'incapacité de la pensée « verticale » à concevoir ce « tout » qui se trouve bel et bien en cause. Les publics peuvent se croiser et se mêler : ils sont fongibles, dès lors que l'action culturelle, loin d'être réduite à une série d'évènements ponctuels et sans lendemain, se traduit en un processus pérenne, impliquant des activités régulières. Mais pour admettre une telle façon de voir, il faut sortir de la logique fondatrice du ministère, séparant les grandes fonctions du patrimoine et de la création ! De plus en plus d'artistes l'ont compris, une partie du public aussi, l'administration culturelle demeure en retard.

A cet égard, il convient de constater sans surprise que ce sont les services de l'administration de « tutelle », la Direction de l'Architecture et du Patrimoine, qui se sont montrés les moins ouverts. Celle-ci est tout naturellement influencée par la « culture » du milieu, et du reste beaucoup de professionnels et d'experts du patrimoine y exercent des responsabilités. En revanche, les directions centrales dévolues au soutien à la création et à l'action culturelle ont au contraire salué l'approche nouvelle, si bien que des liens de coopération très étroits ont été tissés entre elles et Monum.

Pareillement, la primauté a toujours été donnée par le ministère aux institutions culturelles, laquelle était d'ailleurs justifiée, dans la première phase de la politique culturelle, puisque celles-ci étaient en nombre insuffisant, et que de grandes inégalités existaient entre Paris et les régions, et entre les régions elles-mêmes. Mais cette primauté laisse à présent à penser, à tort, que les politiques culturelles ont atteint leur régime de croisière, alors qu'elles ne répondent pas assez aux besoins culturels et sociaux les plus vitaux. C'est bien pourquoi une nouvelle réflexion doit se construire à partir des questions de société, des enjeux des territoires et aussi d'une plus grande fluidité entre les institutions, les expériences artistiques, les pratiques sociales.

La référence institutionnelle qualifie le Centre des Monuments Nationaux comme institution, s'il en est : des joyaux du patrimoine, une mission claire, articulée sur la visite individuelle ou en groupes. Il ne resterait qu'à travailler sur la structure pour améliorer sa productivité, en préservant son rôle par définition immuable... Mais l'institution peut être aussi multifonctionnelle, sans pour autant renoncer à sa tâche première, ni perforer le socle qui asseoit son identité. L'institution peut être à l'écoute des palpitations du monde. Elle peut muer.

Le centre de gravité de la politique culturelle se déplace-t-il, de sorte que, si les institutions ont vocation à garder leur rôle de « lieux-repères », simultanément l'émergence de nouveaux espaces, l'usage de nouvelles technologies, le déploiement des pratiques amateurs doivent être mieux pris en compte ? La mise en exergue récente « des espaces intermédiaires » (Cf. chapitre VII) par le ministère de la Culture indique une prise de conscience et constitue une première réponse. Il se trouve que les monuments nationaux peuvent participer à ce mouvement spontané et informel. De nouvelles générations d'artistes cherchent-elles des lieux inhabituels à investir et à revisiter ? Alors les monuments peuvent être eux-mêmes des espaces intermédiaires, propices à l'expérimentation, et ce, sans mise en danger de l'architecture, pour autant que les modalités de ce nouvel accès au patrimoine soient étudiées et définies avec précision. Hélas, dans l'approche classique de la conservation du patrimoine, une telle perspective paraît utopique ou irresponsable.

L'Etat intervient-il trop dans la culture ? Le reproche est récurrent. Il lui serait fait grief d'avoir démultiplié à l'excès ses interventions, investi trop de champs, inhibé l'initiative privée et le mécénat. De la diversification sans fin de ses aides aux artistes à la reconnaissance des arts culinaires, de la prise en compte de nouveaux réseaux (par exemple « les scènes conventionnées ») à la défense d'industries culturelles menacées, il serait devenu aussi tentaculaire qu'illisible. A l'inverse, ne pourrait-on pas dire au même moment qu'il n'intervient pas assez ? Le modèle des politiques culturelles s'est construit sur l'idée de la production et de la diffusion artistiques ainsi que de la protection du patrimoine. Il s'est agi de « rayonner », « ensemencer », « disséminer » pour reprendre les expressions consacrées, bref de diffuser les œuvres, celles créés autrefois ou celles inventées aujourd'hui. Pourtant ne laisse-t-il pas de côté une forte demande sociale qui ne cesse de croître de nos jours ? Les réseaux d'équipements culturels, présents dans toutes les régions, ne sont-ils pas encore déficients dans les zones péri-urbaines et les quartiers difficiles ? L'animation culturelle de proximité ne reçoit-elle pas des aides dérisoires ? Et que dire des besoins culturels spécifiques, ceux des jeunes, des publics handicapés, des personnes âgées ?

Le débat est mal posé. Tiraillé entre des exigences contradictoires, les missions fondamentales à remplir et les urgences nouvelles à satisfaire, le ministère de la Culture n'a en réalité plus de projet. Et au fond, il n'assume qu'imparfaitement les premières et crée, au moins pour l'instant, beaucoup de frustrations à propos des secondes. La solution consiste à relancer la politique culturelle de l'Etat – ce qui n'exclue nullement de nouvelles avancées de la décentralisation bien au contraire – mais aussi à la repositionner. Le Centre des Monuments Nationaux s'est trouvé au cœur de cette difficulté. La mise en valeur du patrimoine souffre de son manque de moyens et de la lourdeur de ses procédures. Et parallèlement, l'action nouvelle, s'appuyant sur des opérateurs que les acteurs du patrimoine n'étaient pas habitués à côtoyer et sur une démarche d'insertion des monuments dans leur territoire, manque de reconnaissance et est considérée comme superfétatoire.

Oui, il faut une politique nouvelle, à la fois plus performante et plus sélective, à la fois plus mobile et plus audacieuse.

Pas de vagues !

La défense des intérêts catégoriels et des acquis de toutes natures prend, dans le domaine culturel comme dans bien d'autres, un poids croissant, ainsi que beaucoup d'observateurs l'ont constaté. Les positions de pouvoir obtenues dans les institutions sont jalousement gardées et la lutte pour l'augmentation des subventions aux structures culturelles est aussi constante que fédérative. La professionnalisation des métiers de la culture, qui a accompagné le développement culturel du pays, a été très bénéfique, mais a engendré des revendications récurrentes en matière d'emploi ou de statut. On ne peut par ailleurs reprocher à certaines catégories de salariés de se battre pour diminuer la précarité qui est en effet patente dans plusieurs secteurs de la vie culturelle, et de tenter d'obtenir des conditions de travail meilleures, et davantage de stabilité d'emploi.

Il est dès lors difficile d'entreprendre des réformes, mais il n'est pas plus aisé de pratiquer l'immobilisme, qui est vite repéré et dénoncé... C'est pourquoi la définition d'un projet mobilisateur susceptible de surmonter les clivages revendicatifs et d'offrir une perspective crédible pour l'avenir est nécessaire. Mais au-delà, il faut aussi une volonté politique pour la mettre en œuvre.

Quelle est la politique du patrimoine du ministère de la Culture, et quel lien a-t-elle avec la politique culturelle d'ensemble ? Il ne suffit pas de demander au ministère du Budget des crédits de fonctionnement et d'investissement supplémentaires. Il ne suffit pas non plus de se retrancher derrière des généralités dont chacun convient : protéger, restaurer, mettre en valeur. Quelles sont les priorités concrètes ? Quels sont les rapports avec les collectivités territoriales ? Quelle est l'articulation avec les politiques de territoires ? Quelle est la place du patrimoine dans la (re)construction des solidarités et de la citoyenneté ?

Faute de réponse, le ministère de la Culture a la politique de ses corporatismes. L'équipe ministérielle en place jusqu'en avril 2002 a fait comme ses prédécesseurs de droite et de gauche et a évité de prendre à bras le corps les sujets en suspens. Le temps qui lui était donné pour agir, deux ans avant les échéances électorales, a été sans doute jugé trop court. Du reste, selon l'adage bien connu, les vieilles pierres sont silencieuses, elles ne votent pas et ne défilent pas dans les rues. Ce silence convient en général au ministre en fonction, et ce n'est pas là une critique, car les urgences, l'actualité, l'intérêt des médias sont ailleurs, dans le théâtre, le cinéma, ou l'audiovisuel, qui suffisent amplement à le mettre sous tension. Dans le patrimoine, il sied de préserver le consensus au moins de façade, qui règne.

Que l'on me comprenne bien. Le souci de respect de ce consensus, et aussi de la continuité, est parfaitement compréhensible. Il ne s'agit pas de faire un éloge du désordre. En revanche, ce souci n'exclut en rien qu'un projet porteur de changement soit initié puis soutenu dans un domaine d'action, ou sur un sujet précis. C'est là que j'en reviens à la dialectique subtile évoquée au chapitre I. Le bilan d'une action ministérielle en définitive se juge, y compris dans l'opinion, à sa capacité à conjuguer la continuité qui rassure et le changement qui interpelle. Et dans un ministère en panne, s'il est bon d'envoyer des signaux de réassurance aux tenants de la première, il est aussi opportun d'adresser un message d'espoir aux partisans du déplacement des lignes...

Le projet de Monum a été mené avec détermination. Il a sans doute dérangé des habitudes acquises, ébranlé de commodes certitudes, irrité des corporatismes. Il avait obtenu, dans son contenu, le feu vert ministériel. Mais cet acquiescement préalable s'est trouvé remis en cause dès lors que des vagues sont apparues à la surface de la mer. Et il s'est évanoui devant la levée de vents contraires. Comme le dit le Cardinal de Retz, « l'on est plus souvent dupe par la méfiance que par la confiance ».

L'instance politique avait pourtant le choix, du moins à mon sens. Je suis convaincu que, si elle avait manifesté avec force et en temps utile son soutien au projet, la coalition des mécontents ne se serait pas rassemblée, et les tensions internes n'auraient pas été aussi vives. Elle n'est certes pas toute puissante, mais elle a le pouvoir de fixer le cap ou de le rappeler. Un tel geste n'est jamais venu. Parce qu'ils ont perçu la mollesse ou la perplexité de la volonté politique, les opposants se sont engouffrés dans la brèche.

La faiblesse du ministère de la Culture est donc la cause profonde de l'échec de l'aventure de Monum.

La métaphore maritime n'est pas filée au hasard. Toute administration est déjà encline à la prudence par nature. La simple conservation de l'existant, le respect des règles, voire la routine sont davantage appréciés que la prise de risque. Lorsqu'aucune dynamique ne vient de surcroît donner quelque énergie à l'appareil, tout se passe comme si le seul critère important était en effet de ne pas faire de vagues. Eviter les récifs en passant à bonne distance, rentrer au port, non seulement en cas de tempête, mais dès l'annonce de vents un peu forts... La capacité de nuisance des lobbies étant ce qu'elle est et du reste aussi la complexité des problèmes.., la qualité d'une action se mesurera en considération inverse du degré de turbulence qu'elle produit. Le gestionnaire avisé et apprécié sera celui qui saura circonvenir les mécontents, apaiser les conflits, passer les compromis plutôt que traiter les questions de fond ou avancer dans la voie des réformes.

Bien sûr, une action pour réussir suppose diplomatie, patience, négociation... Qui peut raisonnablement le nier ? Encore faut-il qu'un véritable projet habite ceux qui doivent le conduire. Encore faut-il que l'art de l'esquive ou celui de botter en touche ne se substituent pas aux convictions.

Cette pusillanimité désabusée me semble aujourd'hui inspirer trop souvent l'action de l'Etat. Or l'absence d'audace ne paie pas à terme : elle laisse de marbre ceux qui ne souhaitent pas de changement et renforce les exaspérations sociales. A force de ne pas choisir, on perd sur tous les tableaux, tandis que les extrémismes se nourrissent du sentiment de l'impuissance des pouvoirs publics, et des espoirs plusieurs fois déçus.

CHAPITRE VI

L'archaïsme de l'Etat

L'urgence

Les carences et les impérities de l'Etat ont été souvent dénoncées : improductivité, lourdeur, bureaucratie...Poids des prélèvements obligatoires et de la fonction publique, déclin de l'Etat-providence, qualité du service rendu aux usagers et inadaptation du service public.., les thèmes sont nombreux. Les enjeux évoluent cependant. Autrefois, c'était le trop d'Etat dans l'économie, et son interventionnisme excessif qui étaient critiqués. Les privatisations, les concentrations économiques, la mondialisation ont à cet égard singulièrement rétréci la sphère d'influence de la puissance publique. Aujourd'hui, c'est plutôt le « trop peu » d'Etat ou l'absence d'Etat, dans les quartiers difficiles et « les cités », qui sont mis en exergue. L'Etat a ou aurait baissé les bras, dans des zones de non-droit ou règne l'insécurité et où circulent la drogue et les trafics en tous genres. Crise de l'école, crise de l'hôpital, crise de la police.. : alors, « mieux » d'Etat ?

Les pages qui suivent n'ont pas l'ambition de dresser un tableau exhaustif de la situation, encore moins de proposer une stratégie globale ou un cadre complet de réforme. Elles entendent seulement apporter le témoignage d'un haut-fonctionnaire sur les dysfonctionnements constatés au jour le jour, et sur les difficultés de gestion qui tiennent au mode de fonctionnement propre de l'Etat, et constituent autant d'obstacles à une action efficiente. Pourtant il est souhaité que le constat soit éloquent, et incite d'autant plus aux changements nécessaires.

Alain Minc écrivait dans les années 80 : « Nous avons vécu depuis quarante ans avec un Etat riche, dynamique, jeune ; nous sommes condamnés à un Etat pauvre, immobile, vieilli. » Eh bien, j'espère ardemment que l'auteur se trompe ! Comment faire pour que cette prophétie ne s'avère pas juste ?

Le souci d'objectivité pourrait par ailleurs conduire à faire la part des choses. Si les aspects négatifs méritent assurément d'être soulignés, bien des services publics fonctionnent cependant de façon satisfaisante, et l'Etat, réputé immobile, a su parfois s'adapter et améliorer son fonctionnement. La comparaison avec nombre d'autres pays demeure avantageuse, si bien même que la qualité du service public à la française est jugée, selon des observateurs impartiaux, comme un élément d'explication de l'attractivité de la France pour les investisseurs étrangers.

Toutefois, qui ne voit que l'heure est grave, à l'aune du séisme enregistré lors de la dernière élection présidentielle ? Ce sont la république et la démocratie qui peuvent être en péril.

La crise politique de notre pays est profonde ; la crise de l'Etat aussi, qui est celle de sa capacité à apporter des réponses concrètes et tangibles à nos concitoyens, de sa réactivité à l'égard de la multiplicité des problèmes anciens ou nouveaux qui se posent.

La réforme de l'Etat est urgente, et ne peut s'accommoder de demi-mesures, comme on l'a trop souvent fait jusqu'ici. Cette urgence a un avantage, elle rend enfin possible ce qui ne l'était pas parce qu'on n'avait pas osé l'entreprendre. Ainsi que le disait Edgar Faure, grand connaisseur s'il en est des arcanes du pouvoir et de la complexité de l'appareil de l'Etat : « Il y a des politiques sans chances, mais il n'y a pas de politiques sans risques ».

Un mot à titre d'exemple sur l'énarchie, même s'il serait illusoire de croire, comme certains s'y essaient, que la seule réforme de la haute fonction publique et de son élite administrative est la solution magique à tous les maux. Dans l'énarchie, il y a des énarques, qui sont les administrateurs civils, et les super-énarques, qui sont les membres des grands corps : Conseil d'Etat, Cour des Comptes, Inspection des Finances. Ce sont ces derniers surtout qui détiennent les postes clés, dans les cabinets, l'administration publique, le secteur privé (après pantouflage). Depuis des années, une réforme, parmi d'autres qu'il serait tout aussi utile de mettre en œuvre, a été proposée. Il s'agit de mettre fin non pas aux grands corps eux-mêmes, dont la fonction de contrôle ou juridictionnelle est incontestable, mais aux privilèges de leurs membres. Pour cela, il faut modifier les modalités de l'accès aux grands corps : l'interdire à la sortie de l'ENA, le réserver aux fonctionnaires ayant quinze ans de services. Jamais cette proposition n'a pu avancer car les membres des grands corps peuplent les cabinets ministériels où se préparent et se discutent les textes ; la super-élite ne veut pas se faire hara-kiri. On pourra objecter que cette mesure confine à la revendication catégorielle pour les administrateurs civils souvent brimés dans la course aux plus hauts postes de responsabilité : elle est donc corporatiste. Alors, corporatisme contre super-corporatisme, une solution existe pour trancher une fois pour toutes : la décision politique.

 Cette réforme peut passer pour secondaire, et sans doute l'est-elle au regard des grands sujets que sont le système des retraites, la lutte contre l'insécurité ou la fiscalité. Elle est pourtant plus importante qu'il n'y paraît, notamment sur le plan symbolique. En supprimant la super-élite l'Etat enverrait un signal fort : courage d'agir, déblocage de la société.

L'inventaire à la Prévert

Les archaïsmes auxquels est confronté un établissement public comme Monum sont nombreux. Ils sont aussi graves, car ils entravent largement l'action de réforme et la mise en œuvre d'un projet ambitieux, tout en ternissant la qualité de l'accueil du public dans les monuments.

Le premier archaïsme qui saute aux yeux porte sur la gestion du personnel. Le total des effectifs de Monum avoisine deux milles agents si l'on tient compte des personnels vacataires. Les effectifs permanents sont de mille-trois cents, et parmi ceux-ci il y a deux catégories : d'une part des contractuels salariés de l'établissement qui s'occupent notamment de la billetterie et des comptoirs de vente des monuments ou travaillent au siège ; d'autre part des fonctionnaires de l'Etat, les personnels d'accueil, de surveillance et d'entretien, qui accueillent le public, assurent les visites, s'occupent des jardins etc... Cette seconde catégorie représente environ cinq cents agents qui relèvent des corps de fonctionnaires dont dispose le ministère de la Culture et sont affectés à l'établissement public.

La gestion de ce personnel est assurée par le ministère de tutelle et non par l'établissement. C'est le ministère qui les recrute. C'est lui qui les nomme dans tel ou tel monument, sans même consulter l'établissement public. C'est lui qui gère leur carrière, dispose du pouvoir disciplinaire, attribue les primes, et le volant d'heures supplémentaires allouées... Formellement ce personnel est placé sous l'autorité des administrateurs de monument. Mais quel est dans ces conditions le pouvoir réel de ceux-ci ? Comment peuvent-ils organiser leur service dans les meilleures conditions ?

Comment l'Etat peut-il ne pas se rendre compte du caractère aberrant d'une telle situation, dès lors qu'il demande par ailleurs à l'établissement d'être plus performant, de se moderniser, d'améliorer son fonctionnement ? Quel est le chef d'entreprise qui accepterait qu'une partie de son personnel échappe de droit et de fait à son autorité ? Quel est le degré réel d'autonomie de l'établissement public, alors même que ce principe d'autonomie justifie son existence comme personne morale ? De plus, il serait naïf de croire que la gestion de ce personnel par l'Etat est elle-même performante. Lorsqu'un agent commet une faute, l'établissement public demande une sanction. C'est la Commission Administrative Paritaire du corps qui se prononce, où l'établissement public n'est pas représenté. En général, la sanction décidée est plus légère que celle suggérée par l'établissement public, et il n'est pas rare qu'elle intervienne plusieurs mois après les faits incriminés. Il se peut même que la sanction se réduise au déplacement de l'agent dans un autre monument, qui n'a rien demandé et rien vu venir, et pour cause, et néanmoins se retrouve un beau matin avec un fonctionnaire supplémentaire. Une aubaine quand même ? Mais non, le monument a besoin de personnel supplémentaire, mais pas de ce corps-là, et le besoin réel ne sera pendant ce temps pas pris en compte, et le sera d'autant moins que, pensez donc, alors que partout règne la pénurie des postes, ledit monument vient d'avoir l'insigne chance de bénéficier d'un renfort. C'est Ubu…

Certes la gestion par le ministère des corps d'accueil et de surveillance permet à celui-ci d'affecter ce personnel tantôt dans les musées tantôt dans les monuments ou dans d'autres établissements publics, et les organisations syndicales plaident pour le maintien de leur rattachement à l'administration centrale. Mais l'on voit bien que ce type de fonctionnement relève d'un temps où l'établissement public était encore considéré comme un simple prolongement de l'Etat, sans marge de manœuvre propre, une commodité de gestion, à la responsabilité toute relative.

Quant aux agents qui ne sont pas à temps plein, ils sont plusieurs centaines : vacataires permanents à temps partiel, saisonniers, occasionnels... Il y avait même des « vacataires permanents » jusqu'à une période très récente : curiosité juridique autant que sémantique par laquelle l'Etat cachait le fait que le besoin en personnel permanent qu'il recensait était supérieur au nombre de postes budgétaires qu'il autorisait.

L'Etat dans ce cas est schizophrène, puisque incapable de résoudre autrement que par ce subterfuge honteux la contradiction entre ce que son administration culturelle désire et ce que son administration budgétaire rejette.

Les conditions d'emploi de ce personnel sont caractérisées par la précarité. Du point de vue social, on peut estimer qu'il s'agit là d'un autre archaïsme et non des moindres, et les représentants syndicaux ne se privent pas de le dire. L'Etat employeur se comporterait-il en patron de choc parfaitement indifférent au statut social des travailleurs qu'il utilise ? Du point de vue d'une gestion froide et uniquement soucieuse des tableaux de bord financiers, le recours à ce qui est un mode d'application du principe de flexibilité est justifié : Il s'agit d'une adaptation au rythme de fréquentation des monuments, d'un calage au plus près des besoins de fonctionnement. Dans les faits, souvent après une grève ou sous la pression des syndicats, l'administration « régularise » périodiquement la situation de ces agents, par petits ou grands paquets : elle titularise les contractuels et contractualise les vacataires. La politique des ressources humaines devient le résultat d'un rapport de forces au lieu d'être inspirée par une vision prospective à moyen et à long terme à la fois des besoins du secteur et des projets de carrière des agents.

On pourrait se consoler, résigné, en se disant que le constat est hélas, habituel. Les idées de gestion prévisionnelle des emplois, d'association du personnel aux décisions, de management des ressources humaines sont de belles constructions théoriques, mais sauf exception elles seraient vouées à n'être jamais mises en œuvre, emportées par le poids de la gestion quotidienne et les fluctuations imprévues du climat social. A ceux qui ont le nez sur le guidon, elles apparaîtraient comme autant d'illusions depuis longtemps perdues.

Entre l'exigence sociale et l'exigence économique, l'Etat serait dès lors condamné à godiller, n'ayant plus d'autre choix que de trouver au cas par cas des compromis boiteux et provisoires, en guise d'équilibre probablement instable entre les revendications catégorielles et les contraintes budgétaires. Il manque en fait un nouveau « pacte » entre l'Etat-patron et ses agents, qui refonde la légitimité de la fonction publique sur un service public préservé mais adapté. Ce que l'Etat ne sait pas encore faire, c'est conjuguer les avantages du statut des agents avec la souplesse, la garantie de l'emploi avec l'exigence de mobilité.

La plupart des monuments de l'Etat sont ouverts à la visite 365 jours sur 365, ou presque. Pour les grands monuments, cette ouverture permanente est justifiée par leur fréquentation qui, même moindre en hiver, reste notable. Il n'en va pas de même pour les petits monuments qui ne reçoivent que quelques milliers, voire même quelques centaines de visiteurs par an. Il n'est pas rare que, durant la basse saison, le nombre des visiteurs se limite à quelques unités par jour et même par semaine. La conception du service public qui prévaut peut-elle admettre que des fermetures partielles et sélectives puissent avoir lieu ? Les agents de l'établissement public n'en resteraient pas moins employés à temps plein. Alors quelles nouvelles tâches, par exemple tournées vers l'action éducative et culturelle ou vers la promotion touristique, pourraient leur être confiées pendant les périodes de fermeture ? Et quelles seraient les conséquences sur leurs statuts et leurs rémunérations ?

Les monuments privés qui sont ouverts au public n'ont pas de telles préoccupations. Ils sont généralement fermés plusieurs mois en basse saison, et leur personnel est saisonnier. Les logiques du service public et du secteur privé ne sont pas les mêmes. Le premier ne saurait copier le second, sauf à perdre son identité et à abandonner ses missions. Mais quels changements convient-il à présent d'insuffler à des règles et des principes considérés jusqu'alors comme immuables ?

Le niveau des salaires des agents de l'Etat et de ses établissements publics doit-il être relevé ? Voilà un sujet sensible s'il en est, autant que le nombre desdits agents, auquel il est d'ailleurs lié ! La garantie de l'emploi à vie s'échange contre la modestie des rémunérations, ou à tout le moins leur infériorité à celles du secteur privé, à formation et responsabilités comparables. Telles sont les tables de la loi en vigueur. Pour un salarié du secteur privé vivant toujours sous la menace d'un possible chômage, la question est sans doute à peine décente. De plus le contexte économique difficile a pu en partie contribuer à niveler les différences de rémunération entre public et privé. Enfin augmenter les salaires de la fonction publique, c'est augmenter les dépenses de l'Etat avec toutes les conséquences qui en découlent : inutile de faire un cours d'économie... Certains métiers ont cependant obtenu des augmentations de salaires, en passant par une forte mobilisation. Ainsi les policiers et les gendarmes récemment ; il est vrai qu'ils sont plus nombreux que les gardiens de musées ou de monuments et que leur rôle est perçu comme plus stratégique dans la vie de la Nation. Pareillement les infirmières...

Il en reste qu'une seconde question se pose inévitablement : l'adaptation du service public et l'amélioration de la productivité supposent-elles un relèvement des rémunérations ? Est-ce un élément du pacte évoqué plus haut ? Ce relèvement, au-delà des négociations annuelles entre l'Etat et les grandes fédérations de fonctionnaires, doit-il s'obtenir sous la pression de la rue et de la capacité de nuisance des différents corps, et c'est ce à quoi on assiste de fait, ou en fonction d'une stratégie ordonnée pluriannuelle et incluant une contrepartie négociée préalablement, la diversification des tâches et la mobilisation accrue des agents ?

Les modalités de la rémunération sont un autre sujet incontournable. Le mérite et la qualité du service fait ne sont pas assez pris en compte par l'Etat. Avancement à l'ancienneté ou au mérite, système de notation, modalités de versement des primes.. : les dispositifs en vigueur, et souvent aussi l'usage qui en est fait, ne sont que faiblement incitatifs, malgré les aménagements apportés ici et là, et aboutissent à « lisser » les différences entre les agents performants et ceux qui sont réputés l'être moins.

Si l'on considère les salaires des agents travaillant au Centre des Monuments Nationaux, il serait excessif d'affirmer que le personnel est trop payé ou bénéficie d'avantages injustifiés ! Notamment le personnel d'exécution, qui constituent la quasi-totalité des fonctionnaires affectés ainsi qu'une bonne part des contractuels, ont des salaires modestes qui relèvent de la grille de rémunération des corps pour les premiers, de celle du statut du personnel de l'établissement pour les seconds. Une augmentation des salaires du personnel fonctionnaire dépend de la seule responsabilité des ministères, celui de la Culture, mais aussi ceux de la Fonction Publique et du Budget, l'établissement public n'y a aucune part. Une augmentation des salaires du personnel contractuel est de la responsabilité de l'établissement public, mais une telle décision suppose l'accord préalable des ministères de tutelle, en raison de ses incidences multiples notamment financières. De plus, l'établissement public s'autofinançant pour la quasi-totalité de ses ressources, c'est sur sa substance propre et non sur les subventions de l'Etat, qu'il puiserait pour y procéder. Or le budget consacré au personnel augmente déjà mécaniquement chaque année, et en général selon un pourcentage supérieur à celui des autres postes de dépenses : accroissement du « point », création de postes ou augmentation du taux de rémunération des vacataires... Car ce n'est pas non plus l'établissement public qui fixe ce taux, mais un acte ministériel : ce taux est-il relevé l'année x, ce sont plusieurs millions nouveaux que l'établissement public doit trouver dans sa propre caisse, pour subvenir à l'augmentation. Mesure socialement justifiée, mais budgétairement inopportune...

    Quant au salaire des cadres, il est aussi fixé par le statut du personnel propre à l'établissement public. Leur niveau de rémunération est-il satisfaisant ? On ne peut raisonner dans l'absolu, mais par comparaison avec d'autres structures culturelles, publiques ou privées. C'est dans l'expérience concrète que réside la réponse et celle-ci est claire : les administrateurs de monument sont en général moins bien payés que d'autres cadres, à responsabilité similaire. C'est ainsi qu'il est arrivé que des candidats à des postes d'administrateurs aient renoncé, au seul vu de la rémunération offerte. Le respect de la diversité des profils d'administrateurs implique-t-il de faire appel en certains cas à des professionnels culturels venant de l'extérieur de l'administration, et issus du secteur privé, plus exactement du secteur privé subventionné, souvent associatif ? Alors pour ceux d'entre eux qui, à travers Monum, rejoignent le secteur public, c'est au prix d'un sacrifice financier. Normal objectera-t-on, ils vont bénéficier d'un contrat à durée indéterminée dans un grand établissement public : retour aux tables de la loi. C'est là qu'est l'archaïsme : le raisonnement ne se fonde pas sur l'analyse de l'ensemble des métiers de la culture afin que des passerelles soient créées entre eux, ainsi que des parcours professionnels diversifiés et évolutifs pouvant aller jusqu'à des va-et-vient entre public et privé, il se fonde sur le statut de la structure. L'appartenance au secteur public l'emporte sur la référence au champ culturel, et c'est d'autant plus fâcheux que risque de se trouver de la sorte bloqué l'objectif de recrutement de nouveaux cadres de haut niveau, dynamiques et ayant l'expérience de la direction d'équipes. Alors pour tourner la difficulté, surgit la technique du bricolage au cas par cas : faute de changer les règles on les contourne, et l'imagination administrative n'est pas dépourvue d'atouts dans cette ingénierie d'un type particulier. Plutôt que de reconnaître l'inadaptation du système on préfère organiser sa systématique et inavouée transgression.

« Des avantages en nature » viennent-ils s'ajouter aux rémunérations ? Le ministère de la Culture dispose d'un parc de logements de fonction, qu'il a la réputation de gérer particulièrement mal, c'est-à-dire avec une langueur fort monotone. Le Centre des Monuments Nationaux pour sa part attribue à certains de ses agents de tels logements, afin d'assurer la garde des monuments. Deux catégories de logements existent : ceux attribués par nécessité absolue de service (NAS), et ceux attribués pour utilité de service (US). Dans le premier cas, le bénéficiaire ne paie rien, dans le second il participe au paiement du loyer. En principe des règles existent et, que l'on se rassure, il arrive qu'elles soient appliquées. Mais souvent aussi, pour quelles raisons bénéficie-t-on d'un « NAS » ou d'un « US » ou de rien du tout ? Mystère et boule de gomme ... J'exagère ? Pas vraiment. C'est au reste à peine si le ministère de la Culture connaît exactement l'étendue précise de ce parc qui est le sien et qu'il entreprend de recenser, ni s'il sait quels en sont les bénéficiaires. Pour certaines situations individuelles qui quelquefois perdurent depuis des années, les explications se perdent dans la nuit des temps...

Les monuments doivent être entretenus et restaurés. Les travaux, grands ou petits y sont presque permanents, et les coûts sont élevés. Fort bien... Cette tâche met en scène plusieurs acteurs sur le terrain. La Conservation régionale des Monuments Historiques, qui est un service de la DRAC, est le maître d'ouvrage et finance les travaux. Un autre service de la DRAC peut être sollicité, celui de l'archéologie, qui supervise d'éventuelles fouilles. Le Service Départemental de l'Architecture et du Patrimoine, dont relève l'Architecte des Bâtiments de France, entretient les bâtiments et assure leur conservation : A la DRAC, les travaux lourds, au SDAP les petits travaux. L'Architecte en Chef des Monuments Historiques est le maître d'œuvre des travaux de restauration : c'est à la fois l'expert qui fait les études et l'architecte qui dirige les travaux selon le projet qu'il a conçu. Quant aux travaux eux-mêmes, des entreprises spécialisées les exécutent.

Ce n'est pas tout, d'autres professionnels entrent en jeu. S'il ne s'agit pas de travaux de restauration mais de travaux d'aménagement (création de comptoirs de vente, d'espaces d'accueil pour le public, de locaux pour le personnel…), ce sont des architectes extérieurs, choisis par le Centre des Monuments Nationaux, qui les exécutent, ces travaux étant eux-mêmes supervisés par des chefs de projet rémunérés par Monum. Selon la nature ou l'importance des travaux, l'Inspection Générale pourra aussi intervenir, de même que la Commission Supérieure des Monuments Historiques dont l'administration peut toujours solliciter l'avis, pour lui soumettre un problème difficile, ou plus prosaïquement pour se couvrir.

N'oublions pas non plus l'administrateur de monument qui gère et anime, et qui a également son mot à dire pour tous ces travaux.

Quant aux collections que certains monuments, mais pas tous, abritent, leur garde et leur contrôle relèvent soit de l'administrateur s'il est lui-même conservateur, soit de l'Inspecteur Régional des Monuments Historiques, à supposer que, selon la propriété des collections, n'intervienne pas le Conservateur Départemental des Antiquités et Objets d'Arts.

Vous me suivez ?

Cette multiplicité d'intervenants peut bien sûr s'expliquer : chacun n'y a-t-il pas son rôle, la spécificité des travaux sur les monuments historiques n'est-elle pas avérée ?

Elle peut aussi se justifier : au final, la qualité des travaux est reconnue, et les monuments sont effectivement préservés, même si des erreurs ont pu être ici ou là commises, et des critiques être à bon droit émises.

Alors le système fonctionne ? Oui, mais de plus en plus mal et à quel prix, au propre comme au figuré ! Certes, pourront plaider d'aucuns, la complexité est inhérente aux travaux sur le patrimoine protégé : documentation à constituer, études préalables à faire, mécanismes d'allocation des crédits à enclencher, travaux à coordonner...

Il est pourtant inutile de se voiler la face, et les acteurs du système, à tour de rôle, accusent : faiblesse de la maîtrise d'ouvrage en raison du manque de personnel, bon vouloir des architectes en chef, sous-consommation des crédits... En fait, le dit système secrète de vrais inconvénients : opacité et manque de transparence, lenteur des procédures, dilution des responsabilités.

Lorsque des travaux de restauration et d'aménagement doivent être faits conjointement, il y a deux maîtres d'œuvre, l'architecte en chef et l'architecte extérieur. Dans ces cas, la confusion est à son comble : la coordination tient du casse-tête, le suivi des travaux se délite, chacun y va de ses récriminations et de ses exigences, et pour finir, il n'est pas exceptionnel qu'une empoignade générale en découle.

Le Centre des Monuments Nationaux est dans ce dispositif en position de faiblesse. Les travaux d'aménagement dont il a la charge dépendent souvent de travaux préalables de restauration à la charge des services de l'Etat : l'installation du chauffage est par exemple subordonnée à la réalisation de travaux de canalisation. Il arrive dès lors que faute de crédits d'Etat ou de coordination de la programmation, le chauffage pourtant indispensable au confort du public ou du personnel, puisse devenir la belle arlésienne.

Il arrive aussi ce qui a déjà été relevé pour la gestion du personnel : on transgresse les règles. Ces travaux incombent-ils logiquement à l'Etat ? Qu'à cela ne tienne, cher ami, l'établissement public, fatigué d'attendre, et aussi de constater, par voie de conséquence la sous-consommation non moins dangereuse de ses propres crédits, les assumera lui-même. C'est ainsi qu'à la frontière de la répartition des compétences entre l'Etat et Monum, se troquent des travaux et s'échangent de bons et loyaux services, le tout sans qu'apparemment les contrôleurs financiers, pourtant sourcilleux, y aient trouvé jusqu'ici quoi que ce soit à redire.

Le pire est que l'Etat ne se contente pas de vivre avec des archaïsmes, il en crée de nouveaux ! Par exemple, le tout nouveau décret de 2000 qui transforme la Caisse en Monum en a engendré un de plus. C'est ainsi qu'il stipule à propos de l'administrateur de monument que celui-ci « est chargé de la conservation ces bâtiments... » mais « dans le respect des dispositions de l'article 2 du décret du 27 février 1984 ». Et que dit donc ce si respectable décret en question ? Que c'est l'ABF, l'Architecte des Bâtiments de France qui est chargé de la même conservation des monuments ! Admirable, n'est-ce pas ? Le nouveau texte aurait pu soit supprimer la disposition réglementaire précédente, soit la confirmer. C'eût été trop facile. Il a préféré organiser la compétence simultanée, conjointe, concertée et concurrentielle des deux instances. Au lieu d'un seul responsable d'une seule tâche, il y en aura deux. Vive la clarification des compétences et la simplification administrative ! Entre l'administrateur qui travaille quotidiennement dans le monument et souhaite voir ses prérogatives s'étendre, et l'architecte des bâtiments qui ne fait qu'y passer de temps à autre, mais a pour lui la technicité et entend garder ses pouvoirs, le texte a choisi, courageusement, à moins que ce ne soit malicieusement, de ne pas choisir. Depuis lors, des conciliabules de couloir se tiennent, des comités fleurissent, des discussions s'enveniment pour trouver un compromis, tricoter un partage de territoire dont les plus éprouvés des négociateurs israëlo-palestiniens ne démentiraient pas la subtilité, bref tenter de démêler ce qui ne peut l'être. Rassurez-vous cependant, la guerre n'aura pas lieu, sur le terrain comme dans les bureaux ministériels, des solutions informelles et pacificatrices seront imaginées.., en attendant la prochaine réforme réglementaire.

Quant à la gestion quotidienne de Monum, elle résume si bien tous les arthritismes de l'Etat, tous les menus dysfonctionnements qui grèvent son action, qu'il en sera épargné au lecteur le détail, hélas plus attristant que croustillant.

Avec vingt-huit mille mandats, les services administratifs et comptables de l'établissement ont de quoi faire. Ah ces délais de paiement ! Lorsque tout va bien, c'est-à-dire lorsque successivement le service dépensier, le service administratif et le service comptable instruisent le dossier d'une anonyme facture sans incident ni anicroche, le fournisseur sera payé en deux mois. Au moindre grain de sable dans la machine, le mécanisme s'enrayera. Manque-t-il une pièce dans le dossier ? La dépense doit-elle être imputée sur tel chapitre budgétaire plutôt que sur tel autre ? Alors le dossier, implacablement sera rejeté, avec un retard de trois à quatre mois.

Avec une informatique de gestion mise en place peu avant l'arrivée des nouveaux responsables de l'établissement en 2000, il ne restait à ceux-ci qu'à toucher du bois pour que « ça marche ». Hélas encore, leurs vœux ne furent que très imparfaitement exaucés. Et lorsqu'à l'alourdissement de la gestion s'ajouta la défaillance d'un prestataire, alors survint la panne, et tout le personnel de l'établissement se retrouva impayé à la fin du mois, les virements n'ayant pu être faits à temps sur leurs comptes !

Avec les services du contrôle financier comme tuteurs, l'établissement public dépend de leur aval, puisqu'ils visent préalablement la plupart des actes de dépense. Lorsque les règles du jeu sont claires, le système bon gré mal gré fonctionne. Lorsque celles-ci changent brusquement en cours d'année, la pagaille s'installe. Tel type d'opération était-il jusqu'ici qualifié de prestation de service et faisait-il l'objet d'un contrat ? Il sera d'un coup d'un seul requalifié en subvention. Mais est-il objecté, toutes les subventions ne sont-elles pas soumises au conseil d'administration, à l'inverse des contrats ? Peu importe, est-il répondu, il suffit d'attendre la prochaine réunion de ce dernier. Mais le conseil ne se réunit-il pas que dans trois mois, si bien que d'ici là l'opération aura eu lieu ? Fi donc ! Quelle imprévoyance !, c'est mettre le conseil devant le fait accompli. Mais la décision d'engager cette opération n'a-t-elle pas été prise par un administrateur de monument, puisque c'est encourager la déconcentration ? Alors remettons en cause la déconcentration...

Ainsi vogue la galère.

Les vérités qui ne sont pas bonnes à dire

Le tableau ne serait pas complet si le statut même de l'établissement public qu'est Monum, le Centre des Monuments Nationaux, n'était pas évoqué.

Le droit administratif français a, pour l'essentiel, inventé deux types d'établissements publics : les établissements publics administratifs (E.P.A) et les établissements publics industriels et commerciaux (E.P.I.C). Dans le premier cas, il y a prédominance du droit public, la mission est administrative, un contrôleur financier veille à la régularité des actes, les personnels sont soumis au droit public. Dans le second cas, il y a prédominance du droit privé ; la mission est de nature industrielle ou commerciale, un contrôleur d'Etat supervise la gestion économique et financière, les personnels sont régis par le droit privé.

Comment classe-t-on un établissement public dans un cas ou dans l'autre ? L'Opéra de Paris et la Comédie Française sont des établissements publics industriels et commerciaux, la Bibliothèque Nationale de France ou Monum sont des établissements publics administratifs. Les critères de classification se rapportent à l'objet de l'établissement, c'est-à-dire son utilité, sa mission, ensuite à son mode de financement, enfin à son fonctionnement. Il peut tout à fait arriver que le Gouvernement, le juge ou le pouvoir législatif décident de transformer un établissement public administratif en établissement public industriel et commercial.

Un E.P.I.C fonctionne en effet de façon plus souple qu'un E.P.A, il exécute ses missions dans des conditions analogues à celles du secteur privé, il est sur un marché comme les entreprises privées.

Pourquoi Monum est-il un E.P.A ? Voilà un établissement public dont 98% des ressources sont des recettes propres issues du droit d'entrée payé par les visiteurs dans les monuments, de la vente des livres et des produits dérivés, de la location de ses espaces... Ni la Comédie Française ni l'Opéra n'ont et de loin, un tel niveau de recettes propres, mais reçoivent tous deux des subventions très importantes de la part du ministère de la Culture. Monum est un acteur du marché du tourisme culturel comme ses concurrents les monuments privés. Il vend des billets, présente des spectacles, fait de la publicité.., bref il produit et commercialise des biens et des services.

En fait, Monum est en permanence écartelé entre son mode de fonctionnement administratif et la réalité de ses activités qui sont celles d'un E.P.I.C. Son essentielle faiblesse est son manque de réactivité et celle-ci ne tient pas seulement à ses lourdeurs propres ou à sa sous-administration chronique, mais encore à son statut même, d'autant plus inadapté que son avenir consiste à s'inscrire pleinement dans le développement touristique du pays et dans les processus d'action culturelle. On ne peut en permanence adapter ou tordre les règles pour les rendre compatibles avec ce pour quoi elles ne sont pas faites... Payer un artiste le jour même de sa prestation, mettre en place des billets jumelés avec des partenaires privés, recruter *ex abrupto* une attachée de presse ou payer un cocktail lors d'une inauguration ? La lenteur des procédures et les règles de la comptabilité publique sont là à tout moment pour retarder, gêner, entraver...

Alors donc, pourquoi un E.P.A ? parce que sa mission de service public est celle de la mise en valeur du patrimoine de l'Etat, et que « la nature des choses » veut que celle-ci soit un service à caractère administratif. N'est-ce pas confondre préservation du patrimoine et mise en valeur du patrimoine ? Présenter les monuments au public, diffuser la connaissance du patrimoine, voilà la mission dont Monum est investi, voilà sa vocation. Mais en quoi cette vocation et cette « nature des choses » seraient-elles par essence de nature administrative, en contradiction avec la réalité vécue, le fonctionnement concret, les enjeux de l'avenir ? Parce que le patrimoine relève de l'administratif et le spectacle vivant de l'industriel et du commercial... C'est un archaïsme, dans sa pureté cristalline.

Transformer un E.P.A en E.P.I.C n'est pas renoncer à sa mission de service public, mais la refonder en l'adaptant. Une difficulté importante apparaît cependant, le statut du personnel. Ceux-ci et leurs représentants syndicaux sont attachés à leur statut public : les fonctionnaires cela va de soi, les contractuels aussi. La transformation en E.P.I.C ne risquerait-elle pas d'être perçue comme un abandon de la mission fondamentale, la soumission aux lois du marché, voire le prélude à la privatisation ou au démantèlement ? Ne serait-il pas facile, pour s'y opposer, d'agiter la menace de possibles licenciements et d'une précarité accrue ? Des réponses existent à de telles interrogations, les statuts actuels du personnel peuvent être préservés, au moins pour celui déjà en fonction, si bien que seuls les nouveaux arrivants relèveraient du droit privé, etc... La question n'est pas là. Outre les difficultés techniques, les modifications du régime financier et comptable, le principal obstacle à une telle réforme risque d'être la possible incompréhension du personnel. Mais la RMN, la Réunion des Musées Nationaux, autrefois E.P.A est devenue E.P.I.C ; alors pourquoi pas le Centre des Monuments Nationaux ?

Les organisations syndicales de fonctionnaires sont souvent dénoncées pour « leur immobilisme » et « leur conservatisme » et sans doute les revendications défendues et la posture adoptée donnent souvent le sentiment de conférer quelque fondement à cette accusation, au détriment de leur rôle réel, qui est pourtant très positif. Pas touche aux statuts ! Création de postes ! Augmentation des salaires ! Bref, des moyens supplémentaires mais préservation intégrale des acquis. A ce discours apparemment clos, l'administration répond par un autre : « modération » salariale pour cause d'équilibre des finances publiques, et amélioration du service public. Chacun est dans son rôle et joue sa partition, et lorsque le désaccord s'installe, il sera lancé un appel solennel à la mobilisation contre « l'absence totale de concertation » et « le mépris » affiché à l'encontre des « justes revendications ». Le ministère de la Culture et ses établissements publics n'échappent guère à cette règle.
Le problème est que ni l'administration ni les syndicats ne semblent plus en mesure d'esquisser une vision commune et prospective d'un avenir partagé. Faute de perspectives, les parties campent sur des positions

traditionnelles. L'enjeu des trente-cinq heures dans la Fonction Publique, baptisé ARTT, Aménagement et Réduction du Temps de Travail, en a offert une illustration saisissante. Pas de création d'emplois – à l'inverse du secteur privé – baisse du temps de travail – s'il y a lieu, car dans les faits, une durée de travail allégée peut déjà être en vigueur – et aménagement de ce temps en vue d'une amélioration du service rendu : dans le cadre ainsi fixé, la discussion entre les parties s'est trouvée réduite à deux préoccupations opposées. Comment éviter une baisse effective de la qualité du service public d'un côté, comment obtenir une réduction non moins effective du temps de travail déjà constaté, de l'autre côté...

Au Centre des Monuments Nationaux, la négociation se cristallisa ainsi, parmi d'autres sujets, sur l'obtention d'un « quart d'heure déambulatoire » pour tous les agents. Le quart d'heure déambulatoire en question était le temps consacré par les personnels pour aller du lieu de travail aux bistrots environnants, en l'absence de restaurants d'entreprise. Le nombre de bistrots situés dans un rayon de cent mètres autour de l'Hôtel de Sully avoisinant le chiffre de plusieurs dizaines, la direction de l'établissement, dans sa grande sagesse, décida... de commander une étude générale sur tous les sites.

Si le dialogue administration-syndicats est ainsi souvent difficile et bloqué, les relations entre le ministère de tutelle et ses établissements publics ne brillent pas davantage par leur qualité, et sont souvent empreintes de défiance.

Le ministère de la Culture alloue une subvention très faible au Centre des Monuments Nationaux (un peu plus de deux millions d'euros), lequel, répétons-le, s'autofinance presque en totalité. Mais le coût du personnel fonctionnaire affecté, qui ne figure pas au budget de l'établissement public, représente neuf millions d'euros. Ceci permet au ministère d'affirmer non sans quelque raison, qu'il contribue en fait au fonctionnement de l'établissement public, mais surtout ceci l'autorise à infliger à son gré, de fréquents transferts de charge. Ainsi le ministère gère un corps de fonctionnaires jardiniers dont bon nombre travaillent dans les monuments nationaux. Mais lorsqu'il décide de procéder à la mise en extinction progressive dudit corps, quelle est la conséquence ? L'établissement public paiera des contrats d'entretien à des sociétés privés pour faire le même travail, et à ses frais... Il en va de même lorsqu'il entreprend, dans un souci de démocratisation culturelle, de relever de douze à dix-huit ans l'âge de gratuité d'accès aux monuments et d'instituer la gratuité d'accès à tous le premier dimanche de chaque mois. Magnanime, il décide d'allouer, en compensation du surcoût, une subvention de deux millions d'euros à l'établissement public. Mais le coût réel se révèle être supérieur à cette somme de près d'un million d'euros... Qu'à cela ne tienne, le ministère n'en reste pas là. Un an plus tard, il annonce que cette subvention n'a plus de caractère compensatoire et doit être utilisée à d'autres fins...

Dans ces conditions, c'est à juste titre que l'Etat, depuis plusieurs années, s'est engagé dans une politique contractuelle avec ses établissements publics, destinée à définir d'un commun accord les objectifs fixés et les moyens alloués. Intention louable, à condition qu'il n'y ait pas loin de la coupe aux lèvres. L'ex « Caisse » devait signer avec l'Etat un « cahier des charges » : celui-ci n'a jamais vu le jour. Monum doit à son tour signer « un contrat d'objectifs pluriannuel ». Mais l'exercice se révèle plus ardu que prévu : il s'agit, secteur par secteur, de définir objectifs et sous-objectifs, moyens et sous-moyens, avec chiffres, indicateurs de résultats, graphiques, le tout menaçant de constituer un document d'une bonne centaine de pages. Le temps de fabriquer une telle usine à gaz, le mandat du président est échu. Pourtant cette approche conventionnelle est bienvenue puisqu'elle permet de développer une fonction totalement sous-estimée dans l'administration française, l'évaluation.

L'administration culturelle a, comme les autres, engagé depuis longtemps un processus de déconcentration. Ses directions centrales, souvent à contrecœur du reste, tant le réflexe jacobin était et est encore vif au ministère de la Culture, ont progressivement délégué aux directions régionales des affaires culturelles moyens et responsabilités. Ce sont à présent celles-ci qui sont ou doivent être les premières interlocutrices des collectivités locales, des institutions culturelles et des artistes. L'administration centrale est dès lors appelée à se recentrer sur des missions non plus de gestion, mais d'impulsion, de coordination, d'état-major. Les unes et les autres ont-elles les moyens de ces nobles ambitions, et se sont-elles mises en situation d'exercer au mieux leurs responsabilités ?

Dans les DRAC et peut-être plus encore dans les SDAP, on l'a vu, le manque de moyens humains est parfois flagrant, et les marges de manœuvre budgétaires pour soutenir de nouvelles actions sont faibles.

Quant à l'administration centrale, elle n'est souvent guère mieux lotie, et surtout, malgré des réorganisations qu'il serait injuste d'écarter d'un revers de la main, elle ne s'est pas encore mise dans la peau de « l'Etat-stratège » que la mutation du paysage administratif et culturel requiert : par son fonctionnement propre, par son manque d'expertise de haut niveau dans certaines matières, et ce quelle que soit la qualité des agents dans les bureaux et les inspections, par son rapport avec le ministre et son cabinet aussi.

Le sujet des cabinets ministériels réclame un développement particulier. La croissance constante de leur rôle et du nombre de leurs membres pourrait passer pour un élément ou un signe de modernité, puisqu'elle est relativement récente dans l'histoire de la République, mais le jugement paraît hasardeux. J'ai été moi-même membre de cabinets ministériels, et en ai vu fonctionner plusieurs autres.

La prolifération des chefs de cabinet et des chefs adjoints, des conseillers techniques et des chargés de mission, a été souvent critiquée et même brocardée malgré des tentatives de régulation. Puisqu'ils sont les collaborateurs politiques des ministres, leur essor atteste, selon l'interprétation la plus souvent admise, la politisation de l'administration : le cabinet interfère dans l'activité de l'administration, la contrôle, la décourage, pour finir se substitue à elle. Il en résulte court-circuitage de l'administration et décisions de plus en plus fondées sur des critères d'opportunité aux dépens des critères techniques ou de compétence.

Or donc la politique triomphe, au détriment de l'administration qui elle, a été et est toujours neutre ?

Cette analyse me paraît aller vite en besogne.

Le fonctionnement du ministère de la Culture paraît pourtant confirmer cette argumentation. Dans les cabinets des ministres de droite comme de gauche, les conseillers et chargés de mission ont une compétence en général sectorielle décalquée sur la segmentation de l'administration : un conseiller pour le théâtre, un autre pour la musique et la danse, un troisième pour les arts plastiques, un quatrième pour l'architecture et le patrimoine... Parfois ils ont une compétence thématique : les nouvelles technologies, l'éducation artistique, la décentralisation et l'aménagement du territoire, etc... Ils traitent des dossiers, petits ou grands, reçoivent les professionnels de leur secteur, sont en contact quotidien avec les directeurs d'administration centrale, font des réunions avec les services...

Les membres des cabinets ont ainsi une compétence spécialisée et, sauf cas particulier, aucune vue d'ensemble sur la politique culturelle prise comme un tout. Ils sont d'ailleurs recrutés en fonction de la technicité acquise dans le secteur dont ils s'occupent pour avoir travaillé dans une direction centrale verticale ou pour être eux-mêmes des professionnels.

Qui fait la synthèse ? On me répondra : le ministre lui-même, le directeur de cabinet, le directeur-adjoint. De plus il y a de fréquentes réunions de cabinet. Sans doute, mais ce n'est pas si simple. Indépendamment de leur personnalité propre, le ministre et ses deux plus proches collaborateurs, s'ils ont certes une vue horizontale des problèmes, sont sans cesse sur le pont et gèrent au quotidien une multitude de dossiers qui ne font que gonfler au fil du temps : nominations, budgets, dossiers importants soumis par les conseillers... Où se trouve l'espace de conception et de délibération politiques ? Quand et comment élabore-t-on une véritable stratégie de développement culturel ? De quelle manière associe-t-on les autres décideurs du ministère, les responsables d'administration centrale ou d'établissements publics, ainsi que les personnalités culturelles ?

J'ai pour ma part le sentiment suivant. De plus en plus, la place croissante des cabinets engendre en effet une politisation de la décision administrative mais celle-ci s'accompagne simultanément, par effet retour, de la technicisation de la décision politique, ne serait-ce que par la prégnance de l'approche sectorielle. Et cette technicisation se fait aux dépens d'une véritable prise en compte de la problématique globale du champ culturel, et de la définition ordonnée de grandes priorités qui cimentent l'action du ministre et la relient à celle de l'ensemble du gouvernement. Autrement dit, plus les cabinets font de la politique, et moins ils en font ... Et de la sorte, la politique au sens vrai du terme est de moins en moins présente au plus haut niveau de l'appareil administratif. La politique s'est absentée de l'Etat.., et celui-ci par voie de conséquence s'est affaibli.

Alors que faire ?

Jean Peyrelevade aujourd'hui PDG d'une grande banque, et autrefois membre d'un cabinet ministériel, a proposé carrément la disparition des cabinets ; les ministres ne traiteront plus les affaires que directement avec les services et leurs directeurs. L'idée a le mérite d'être simple :

les phénomènes de doublon et de superposition cabinet-administration, voire de rivalité sont *ipso facto* supprimés.

Je ne la partage pas cependant ! La disparition de l'échelon politique des ministères entraînerait la disparition de la dimension politique de leur action, vraisemblablement au profit de l'approche technocratique ou purement gestionnaire. Or l'objectif est me semble-t-il, non pas d'évacuer le politique, mais de le réhabiliter, et d'en faire mieux. Aussi je plaide pour ma part pour des cabinets à la fois resserrés et organisés autrement, pour retrouver leur vraie fonction. Le temps des membres de cabinet à compétence spécialisée, traitant conjointement les dossiers avec les services, tantôt contrôlant ceux-ci tantôt en étant les porte-parole, est en effet périmé, c'est une sorte de gangrène du pouvoir. Que l'administration retrouve son rôle et administre, elle se sentira plus responsable, et agira avec plus d'efficience. Le cabinet doit devenir ce qu'il n'est pas ou plus, le lieu d'élaboration et de mise en œuvre d'une politique d'ensemble. Il gagnerait dès lors à être composé, sous la houlette du ministre et du directeur, d'une demi-douzaine de conseillers à vocation horizontale, chargés, non pas des affaires au jour le jour, mais du regard politique sur l'action administrative. Le cabinet doit impulser, agiter, lancer des thèmes nouveaux, au lieu de gérer.

Cette posture nouvelle suppose à la fois la réforme des cabinets et celle des administrations. Interlocuteurs retrouvant leur vraie fonction de gestionnaires et leur autonomie, les directeurs d'administration centrale doivent dès lors être plus mobiles et déplaçables, contrepartie de leur propre réhabilitation ainsi que de celle de leurs services. Ceci implique, pour que le mécanisme ne se grippe pas, une offre accrue de débouchés dans les corps d'inspection et de contrôle, et c'est aussi pourquoi la réforme des modalités de recrutement et d'accès de ces derniers est suggérée plus haut.

CHAPITRE VII

Les raisons d'espérer

L'impasse

Le grief principal fait à la politique culturelle est que contrairement aux espoirs mis dans sa fondation, elle n'a pas su créer de nouveaux publics. Toutes les enquêtes et études, notamment celles du Département Etudes et Prospectives du ministère de la Culture, le montrent, et c'est devenu un lieu commun que d'énoncer l'échec au moins relatif de la politique de « l'offre » impulsée depuis plus de quarante ans, et fondée sur le soutien à la production et à la diffusion artistiques à travers la création d'institutions culturelles et l'aide aux expressions artistiques professionnelles et aux créateurs.

« Etre élitaire pour tous », disait Antoine Vitez, résumant, sans le vouloir, la philosophie du ministère. En mai 2002, (1), à l'issue du premier tour de l'élection présidentielle évinçant le candidat de la gauche au profit du représentant de l'extrême droite, et devant l'émotion suscitée dans les milieux culturels, le journal Le Monde titra : « La politique de l'élitisme pour tous dans l'impasse ».

Il est de fait que l'objectif de démocratisation culturelle n'a pas été atteint, soit que le public n'ait pas augmenté notablement ou même ait diminué, soit que sa composition sociale ne se soit pas substantiellement modifiée. C'est le cas par exemple dans les domaines du spectacle vivant et des arts plastiques.

L'assertion mériterait pourtant d'être nuancée selon les secteurs, d'autant plus que assénée parfois sans

---

(1) Journal Le Monde, 4 mai 2002 (page 31).

discernement, elle néglige d'incontestables progrès liés précisément à l'expansion des réseaux d'institutions culturelles publiques. Ainsi, selon les chiffres officiels 2,6 millions de français étaient usagers des bibliothèques municipales en 1980 (soit 10% de la population des communes desservies) mais ils étaient cinq millions en 1989 (soit plus de 15% desdites communes). Sur cent personnes de quinze ans et plus, vingt-trois étaient allées en 1989, au cours des douze derniers mois, dans une bibliothèque mais trente et un y allaient en 1997. De plus la création de nombreuses médiathèques a largement permis de faire du réseau de lecture publique un réseau de proximité au public remarquablement diversifié et très ouvert aux préoccupations nouvelles des jeunes.

Ainsi encore, la fréquentation des musées et des grandes expositions a crû de façon spectaculaire : Cinq millions de visiteurs dans les musées nationaux en 1989, dix millions en 1990 quatorze millions en 2000. Si cette croissance a des causes multiples, n'a pas été continue et est plus due au public étranger que français, elle tient aussi aux efforts de renouvellement et de création de musées entrepris par les pouvoirs publics.

Mais les autres chiffres sont cruels : en 1997, 16% des français seulement sont allés au théâtre au moins une fois, 3% à l'opéra, 8% à la danse contemporaine, 15% dans une galerie d'art, 33% dans un musée... L'efficacité de la politique « d'accès à la culture » de nouvelles couches de la population est de fait faible ou marginale. Alors, vive l'ultra-libéralisme ? Pourquoi ne pas démanteler l'ensemble des dispositifs mis en œuvre par les pouvoirs publics, puisque cela serait sans dommage ? En réalité, l'intervention publique – outre qu'elle a soutenu la création et préservé le patrimoine, objectifs en soi légitimes –, a permis sur le plan de la fréquentation du public, d'éviter un effondrement qui, sans elle, et ainsi qu'on l'a constaté dans d'autres pays, aurait sans aucun doute fait disparaître des pans entiers de la vie culturelle. L'exemple du cinéma est éloquent à cet égard. Cette intervention a bénéficié surtout aux couches cultivées et aux classes favorisées. A l'autre bout de la chaîne, elle a parfois aussi bénéficié à certaines catégories sociales très défavorisées, par la mise en place d'actions spécifiques pour des publics cibles : handicapés physiques ou mentaux, jeunes de banlieues, populations issues de l'immigration. Entre les deux se situent les classes moyennes et populaires, qui sont largement restées à l'écart...

En conséquence, le ministère de la Culture est en panne : panne de ses institutions, panne de son budget, panne des idées. L'Etat culturel se porte mal. Mais que dire de la société ? La politique culturelle nationale n'a-t-elle pas une vocation essentiellement citoyenne ? Ne doit-elle pas constituer un cadre permettant aux citoyens de mieux se situer dans leur environnement, leur donnant les moyens de construire des réponses aux grandes questions de l'heure ? Ne doit-elle pas introduire du sens dans le présent ?

Or la société française paraît plus que jamais en crise. Le chômage, l'insécurité, la peur de l'exclusion provoquent la crispation identitaire et le repli sur soi. La mondialisation, la disparition des idéologies, la faiblesse des corps intermédiaires conduisent au rejet de l'autre et à la tentation protestataire des extrêmes politiques. La perte de repères frappe de larges couches de la population, celles qui sont exposées et aussi de fil en aiguille, si l'on n'y prend pas garde, celles qui ne le sont pas, par crainte de la « contamination ». Tel serait le sombre et définitif tableau d'un paysage social en ruines, aux acquis de la modernité balayés, aux valeurs évanouies.

Et que dire de l'économie ? Les industries culturelles sont un enjeu décisif de la mondialisation, et du développement des nouvelles techniques de l'information et de la communication. A quoi assiste-t-on ? A l'accroissement des processus de marchandisation de la culture et de concentration économique, tandis que l'Etat semble regarder passivement ces évolutions et que les professionnels culturels craignent plus que jamais le déclin de la diversité culturelle, et ce en dépit du barrage constitué par la défense de l'exception culturelle.

Le contrôle des contenus culturels est au centre des opérations de concentration, et ce sont souvent les distributeurs qui mettent la main sur les producteurs, telle que l'a montré la fusion AOL-Time Warner. Les petites et moyennes entreprises, fer de lance de la création de produits culturels nouveaux, s'en trouvent marginalisées, et les centres de décision, de nationaux, deviennent européens ou nord-américains. Les groupes français, Largardère, Bouygues, Vivendi-Universal apparaissent des mastodontes au plan national, mais restent de dimension modeste au plan international (mis à part Vivendi, à supposer que l'évolution de ce groupe contribue à le laisser dans l'escarcelle française).

Que deviennent dans ce contexte les industries culturelles de notre pays ? Pour ce qui est de l'édition, son chiffre d'affaire est de l'ordre de 2,1 milliards d'euros et, est plutôt en stagnation sur la longue période, en dépit du doublement en vingt ans du nombre de titres ; deux grands groupes y dominent le marché, Hachette et Havas devenu Vivendi Universal Publishing. Pour ce qui est de l'industrie musicale, son chiffre d'affaires est de l'ordre de 1,8 milliards d'Euros. Si la part de marché de la chanson et de la musique française demeure majoritaire, il en reste que le marché de la musique est aux mains de cinq « majors » – Universal, Sony, BMG, Warner et Emi – ; les « indépendants » ne représentent que 25% de la production et 10% de la distribution.

L'émergence de nouveaux talents sur le marché du disque et à la radio est sans cesse plus difficile, malgré la loi sur les quotas de chanson française. Quant au cinéma, il reste le deuxième au monde après les Etats-Unis (si l'on exclut l'Inde), sa production demeure vivace grâce aux mécanismes de soutien du Centre National de la Cinématographie, et ses succès récents, symbolisés par « le fabuleux destin d'Amélie Poulain » peuvent laisser croire à tort, qu'il se porte au mieux. Après avoir longtemps baissé, la fréquentation en salles remonte progressivement, en partie grâce aux multiplexes, de même que la part de marché du film français, de l'ordre plutôt d'un tiers ces dernières années, mais au-delà de 40% en 2002. Le devenir problématique de Canal Plus au sein du groupe Vivendi Universal atteste cependant la fragilité du secteur, et la crise qui a secoué en avril 2002 l'entreprise, premier financeur du cinéma, et s'est traduite par l'éviction de son président, Pierre Lescure, a suscité de grandes inquiétudes. La contradiction entre la logique financière de Vivendi et la logique industrielle et innovante de Canal Plus est apparue de plus en plus flagrante, et la récente démission de Jean-Marie Messier de la présidence de Vivendi a ouvert la voie à la réorganisation de l'entreprise plutôt qu'à sa vente, un moment envisagée. Le désengagement de la télévision pose la question de nouveaux modes de financement du cinéma. Enfin, la production audiovisuelle est faible et le déficit des échanges y est de quatre cents millions d'euros.

Dans le domaine du marché de l'art, la France n'a plus depuis longtemps la place qu'elle avait autrefois et qui était la première. Les Etats-Unis, l'Allemagne, le Japon l'ont supplantée. La conséquence est que les artistes français sont eux-mêmes en mauvaise posture par rapport à leurs collègues étrangers. Selon un récent rapport, sur les cent premiers artistes classés par le Kunst Kompass, seuls cinq sont français, alors que trente-huit sont américains et vingt-huit allemands.

La marchandisation croissante de la culture, la prégnance de l'audimat à la télévision, la difficulté du service public audiovisuel à incarner vraiment l'intérêt général montrent les limites ou les faiblesses de l'intervention publique dans l'économie culturelle comme dans les médias.

Et comme on l'a vu, sur le marché de l'industrie du tourisme, les monuments subissent la concurrence forte des parcs de loisirs ou à thème créés par l'initiative privé, que celle-ci soit française ou étrangère.
Entre Vivendi-Universal et Disneyland, l'Etat fait pâle figure. L'ambition culturelle initiale est-elle définitivement forclose, et n'aurait-elle servi qu'à retarder l'inéluctable mouvement d'uniformisation et de nivellement par le bas que nous promet l'industrie des loisirs ?

Le rebond

La France est la patrie des arts et des lettres.., et notre arrogance est régulièrement vilipendée par les journaux anglo-saxons. L'anglais a définitivement balayé le français comme première langue internationale et la culture nord-américaine s'impose sur la plupart des continents notamment grâce à ses formats standardisés audiovisuels. L'influence culturelle de notre pays recule, et la politique culturelle extérieure de son côté n'a jamais disposé des moyens de l'ambition volontiers affichée de permettre à notre pays de « tenir son rang », pour reprendre la formule d'un ancien Président de la République, malgré les efforts méritoires déployés par le réseau des centres culturels et l'AFAA, l'Association Française d'Action Artistique.

Et pourtant, la France, sa culture, sa langue conservent encore leur prestige et demeurent une référence. Pour avoir voyagé dans de nombreux pays et parlé avec leurs responsables culturels, interlocuteurs ministériels ou artistes, je mesure combien il y a encore un amour de la France et de ce qu'elle représente, et même une admiration. Notre politique culturelle est d'ailleurs souvent considérée comme un modèle et même si, au regard des pays fédéraux ou de tradition décentralisatrice plus affirmée, elle paraît trop jacobine. Comment ne peut-on être ému, comme je le fus, lorsque rencontrant dans une petite ville de Roumanie, le maire de la commune, on l'entend parler français, raconter comment la France est restée un repère et un espoir pendant les années de plomb de la dictature communiste dévoyée, et citer avec délectation les noms des grands écrivains de notre pays ? Mais rien n'est acquis, et même dans ce pays francophone, l'anglais ne cesse de gagner des points, notamment dans l'enseignement des langues vivantes.

La France culturelle est une force qui compte. Le combat pour l'exception culturelle, s'il a d'abord laissé sceptiques les gouvernements étrangers, y compris ceux de nos voisins européens, a rapidement motivé un nombre croissant d'artistes et de créateurs dans plusieurs pays. Surtout la France est un pays ouvert et accueillant envers les autres cultures. Alors que surgit la tentation d'un repli sur le pré carré national, la politique culturelle de l'Etat, tout à fait relayée par les choix artistiques de nombreux responsables d'institutions culturelles, a été et demeure celle du dialogue des cultures, de l'accueil des artistes étrangers, de la découverte du patrimoine et des formes artistiques « venues d'ailleurs ». Des coproductions cinématographiques à la programmation des festivals consacrés aux arts de la scène, du Théâtre de l'Europe à la Maison des Cultures du Monde, du métissage de la world music à la formation des cadres culturels étrangers, de nombreux mécanismes et initiatives concourent à faire de la France un pays où la dimension internationale de la vie culturelle est réellement prise en compte, et aussi une terre d'asile pour les artistes menacés ou négligés dans leur propre pays. Cette posture d'ouverture est un véritable atout, même si elle n'est pas unanimement partagée. La France de l'élitisme pour tous a sur ce point agi avec constance et rempli son rôle.

Il y a, c'est vrai, débat sur l'organisation des relations culturelles extérieures, sur le rôle de la francophonie, sur le soutien à l'exportation des industries culturelles, sur les liens entre l'action diplomatique et l'action culturelle. Mais pendant ce temps, les artistes et les professionnels culturels, sans forcément, et même de moins en moins, passer par les canaux officiels, tissent des liens avec des partenaires étrangers, créent des réseaux, échangent avec les créateurs d'autres pays idées et projets. La vie artistique est de plus en plus internationale et fourmille à ce titre d'initiatives. L'art ignore les frontières, et la démarche de création de nombre de metteurs en scène, plasticiens, cinéastes implique ce regard de l'autre, et vers l'autre. On ne peut que s'en réjouir. Cette fluidité culturelle, cette porosité féconde à l'égard des cultures non-hexagonales sont des sources de renouvellement et d'enrichissement des capacités de création.

Ce désir de nomadisme, cet enjambement des frontières méritent d'être soulignés car ils rejoignent en bonne part les palpitations de la société elle-même. Comme le remarque Patrick Bloche (1), il faut interroger celle-ci et des changements importants y sont à l'œuvre. La société bouge et fait preuve de vitalité.

Le développement des pratiques culturelles est un fait incontestable. L'engouement des français pour les pratiques amateurs est attesté par leur important accroissement depuis le début des années soixante-dix, notamment chez les jeunes,

---

(1) Patrick Bloche, Marc Gaucher, Emmanuel Perrat « la culture quand même » Mille et une Nuits 2002.

comme le montrent là aussi les enquêtes chiffrées réalisées par le ministère de la Culture. Dessin, théâtre, musique, mais aussi photo, nouvelles techniques.., ces pratiques sont en plein essor parce qu'elles sont un moyen d'épanouissement et d'expression de soi. La forte demande d'enseignement artistique en est révélatrice, et de nombreux élus locaux soulignent leurs difficultés à y faire face particulièrement dans le domaine musical, si bien que les conservatoires et écoles de musique apparaissent en nombre insuffisant.

Ces pratiques ont été longtemps peu répertoriées et surtout mal prises en compte, notamment en raison de la coupure historique entre le secteur culturel et le secteur socioculturel. Le ministère de la Culture s'occupe des professionnels, et le ministère de la Jeunesse et des Sports s'occupe des amateurs : cette dichotomie a joué à plein (sauf pour les pratiques musicales, sur lesquelles l'administration culturelle a compétence). Il en est résulté des inconvénients dont l'importance n'est devenue manifeste que récemment. D'une part le lien ne s'est pas fait entre la pratique en amateur d'une activité artistique et la diffusion des activités culturelles professionnelles. Apprendre la musique dans une école de musique, y compris lorsqu'il s'agit d'un conservatoire national de région ou d'une école nationale de musique, établissements pourtant sous tutelle du ministère de la Culture, n'induit pas la fréquentation d'un concert. D'autre part, les modalités d'aide du ministère de la Culture, strictement réservées aux professionnels reconnus comme tels, renforcent cette césure. Faute de reconnaissance et d'aide, faute de définition d'un statut qui pourrait être intermédiaire « entre l'amateur pur » et le professionnel, un groupe de théâtre amateur, s'il veut poursuivre durablement ses activités, n'aura d'autre choix que de basculer dans le statut professionnel, et allonger la queue des demandeurs de subventions.

Cette multiplicité des pratiques se traduit également par l'émergence de nouvelles formes culturelles ou artistiques... La culture hip hop est apparue à la fin des années quatre-vingt. Rap et tag ont été traités avec commisération à leur début par les tenants de la culture des « beaux-arts ». Une fois de plus était reprise la vieille antienne selon laquelle si les pouvoirs publics prenaient en compte ces expressions, ils contribueraient à confondre une symphonie de Beethoven avec une chanson de Supreme NTM ou d'Arsenik : si tout se vaut, rien ne vaut. Il ne s'agit pas pourtant de mettre sur le même plan, il s'agit de donner un droit de cité à toutes les formes culturelles, et notamment à celles qui représentent une réalité sociale, un mode de vie, un style vestimentaire. « Les cultures urbaines » ont acquis aujourd'hui leur légitimité, et viennent féconder d'autres arts. La Grande Halle de la Villette les accueille, des groupes de rap font le bonheur de maisons de disque, et la danse hip-hop se mêle à la danse contemporaine. Un même mouvement s'est produit avec les musiques électroniques. Les musiques nouvelles ou amplifiées ont ainsi élargi le champ du paysage musical, et c'est la raison pour laquelle Monum, répétons-le, les a accueillies dans certains monuments, notamment au Palais Jacques Cœur et sur le site archéologique d'Olbia dans le cadre de deux festivals, le Printemps de Bourges et Aquaplaning.

L'essor des pratiques culturelles peut aussi se traduire par le renouveau d'intérêt pour des expressions populaires un peu vite considérées comme folkloriques. A titre d'exemple, les carnavals qui se tiennent chaque année dans certaines villes de France et font appel aux capacités d'initiative de la population, pour fabriquer les chars et les géants, attirent un public important. De même la relance des arts populaires que sont le cirque, les marionnettes, le théâtre de rue, suscite l'intérêt du public, en attente de formes qui concilient exigence artistique et caractère ludique et festif des œuvres, et conduit des créateurs à se réapproprier et à réinventer ces expressions avec des œuvres inédites.

Le développement des industries culturelles induit également de nouvelles pratiques qui ne sont pas toutes, loin de là, consommatoires et abrutissantes. L'internet, les CD-roms et les DVD constituent une nouvelle opportunité pour l'accès à la culture. La révolution numérique est une chance à saisir en raison des potentialités qu'elle offre : création de banque de données, émergence de nouvelles expressions artistiques, élargissement considérable de la diffusion des œuvres. Pour la sauvegarde du patrimoine, pour la diffusion de sa connaissance et aussi pour sa promotion, son apport peut être considérable. Le succès remporté par le site Internet de Monum, consulté par un nombre croissant d'internautes qui deviendront peut-être de futurs visiteurs de monuments, le prouve avec évidence. Bien entendu la révolution numérique comporte autant de menaces que de promesses : « fracture numérique », atteinte aux droits d'auteurs et aux droits voisins, hyper-concentration économique. C'est pourquoi une double action publique de régulation et de formation est indispensable.

Certes la créativité n'est pas toujours synonyme de création artistique, au sens propre de production d'une œuvre originale de l'esprit, et ne conduit pas nécessairement à un parcours professionnel. Mais celles et ceux qui en font preuve participent néanmoins, de façon diverse, multiforme, informelle, à la vie culturelle.

Un débat récurrent surgit à nouveau à ce sujet. Y a-t-il deux définitions de la culture, deux types de culture qui seraient antagonistes ? D'un côté la culture du savoir, celle du patrimoine et des beaux-arts, « la culture d'en-haut », de l'autre la culture vécue par « les gens », les habitants d'un quartier ou les praticiens d'une forme d'expression, « la culture d'en-bas ». La première relèverait de l'universel, la seconde du particulier. La première opte pour l'élitisme pour tous, la seconde pour la réalité sociale. Cette opposition me paraît un peu factice. La culture ne se divise pas comme le camembert. Dans le particulier gît toujours une parcelle d'universalité, tandis que l'universel renvoie à l'identité. Bien loin d'approfondir un fossé entre des « inclus » et des « exclus », il convient de réconcilier des « vécus », des « ressentis » qui sont en effet différents. Mais cette dualité exprime deux approches de l'action culturelle, celle qui entend répandre et disséminer les grandes œuvres de l'humanité, et celle qui s'appuie sur les pratiques individuelles ou collectives spontanées, voire autodidactes. De la capacité des politiques culturelles à prendre en compte cette double problématique dépend en fait leur possible rebond. L'aspiration croissante à l'autonomie de chacun dans une société où les droits de l'individu sont mieux pris en compte, s'accommode mal d'un chemin unique ou d'un modèle imposé. L'action culturelle doit proposer la liberté de choix.

Les mutations de la société sont aussi à l'œuvre à travers la demande de reconnaissance des cultures et langues régionales, locales et « communautaires ». Cette question a surgi dans le champ culturel dans les années soixante-dix, lorsque occitans, catalans, corses, bretons... ont plaidé pour la survie de leur langue menacée ou de leur spécificité culturelle rabotée. « Travailler et vivre au pays », c'était aussi parler dans sa langue et défendre sa culture. Cette revendication a paru s'atténuer quelque peu les années suivantes, mais a resurgi à présent en pleine lumière. Pour ne citer que quelques exemples, la mise en place du Capes de Corse, le développement des écoles Diwann en Bretagne ou Ikastola au Pays Basque, l'audience de manifestations telles que le festival interceltique de Lorient qui rassemble plusieurs centaines de milliers de participants, le succès de groupes comme Tri Yann, jusqu'à la récente Nuit Celtique début 2002 au Stade de France, à Paris, montrent la permanence du phénomène.

La question corse est d'abord culturelle et les gouvernants l'ont mal comprise. L'acuité de la polémique politique suscitée en 1999 par la ratification, avortée, par la France de la charte du Conseil de l'Europe sur les langues régionales et minoritaires témoigne des tensions que le sujet suscite. Pour ma part, j'ai toujours considéré que le renouveau des cultures et langues régionales, au lieu de relever de soubresauts passéistes, comme certains le croient encore, montrait la capacité de changement et de réactivité de la société.

Il se trouve que c'est le modèle républicain qui est en cause. Celui-ci est fondé sur une conception de la nation et de la citoyenneté issue de l'héritage révolutionnaire. La République une et indivisible ne connaît que des individus, jamais des groupes. Mais ce modèle est en crise à cause de l'affaiblissement de l'Etat, des difficultés de l'intégration-assimilation à la française, de la montée de l'individualisme.

Pour résoudre cette crise, trois options sont possibles.

La première est le communautarisme. Il s'agit non seulement de reconnaître des identités particulières à des groupes, mais encore d'organiser leur autonomisation et leur juxtaposition en tant que groupes. Elle est clairement contraire à la tradition française, implique l'aliénation de l'individu au profit de l'émergence des communautés, ainsi qu'à terme la possible dissolution de la nation au profit d'intégrismes identitaires ou culturels. La promotion des langues régionales n'en est nullement la préfiguration. L'ethnicisme et la dérive identitaire observés dans l'ex-Yougoslavie ou ailleurs ne résultent pas d'un trop-plein d'identité, mais d'un manque de celle-ci, réprimée au temps du communisme.

La deuxième option est le retour aux sources de l'universalisme abstrait originel, incarné par les souverainistes. Il s'agit de refuser les différences, sauf dans la sphère privée. L'équité et le pluralisme culturel n'y ont gère droit de cité, pas plus que la société civile, puisque l'Etat seul, unitaire et centralisateur, oriente et choisit.

La troisième option peut s'énoncer de la façon suivante : la reconnaissance des différences au service du projet républicain lui-même. Les différences ne sont pas niées ou gommées, mais assumées, tandis que les finalités du projet républicain ne sont pas abandonnées et que la référence aux valeurs universelles perdure. Il s'agit non pas de trouver un laborieux compromis entre deux exigences, mais de changer pour rester soi-même. C'est la position qui est la mienne.

Qu'est-ce que l'identité ? Précisément la dialectique de l'universel et du particulier déjà évoquée plus haut. L'oubli de la première conduit au repli sur soi, l'oubli de la seconde à la standardisation qui fait par réaction de défense le lit du tribalisme et de l'exclusion de l'autre. Ce n'est pas un hasard si l'extrême droite s'est emparée de la thématique des racines et du terroir. Veut-on vraiment lui laisser le champ libre pour qu'elle s'érige en défenseur des identités menacées, interprétées à sa manière ?

Qu'est-ce que la France ? La France a été et reste assimilatrice et émancipatrice. Mais elle conjugue aussi aspirations à l'unité et aspirations à la diversité. Qu'est donc le combat pour l'exception culturelle, sinon la lutte pour le pluralisme à l'échelon mondial ? Mais dès lors, comment peut-on ne pas admettre que le pluralisme vaut aussi à l'intérieur de nos propres frontières, dans le respect de l'unité nationale ?

Une autre évolution doit être particulièrement soulignée. La société change avec l'extension du temps libre. Le partage entre le temps de travail et le temps de « non-travail » ne cesse de se modifier. Avec la montée du chômage, ce temps de non-travail a été subi, et les conséquences culturelles furent nombreuses dans un monde où l'activité professionnelle définissait et définit encore « l'être social » de chacun : développement des phénomènes d'exclusion, délitement du tissu social. Mais avec l'abaissement de l'âge de la retraite, et maintenant la réduction du temps de travail lié au passage aux trente-cinq heures, la sphère du temps libre « ou libéré » enfle et profite à chacun. Ce temps libre sera-t-il un temps vide, livré à la consommation passive de la télévision et aux industries du divertissement, ou sera-t-il un temps construit, destiné à l'enrichissement personnel ? L'enjeu culturel est considérable. Le PDG d'Universal Music France a dit, pour expliquer la hausse de 10% du marché du disque en 2001, que ce bon résultat « était dû à l'impact des trente-cinq heures, laissant plus de temps pour les loisirs et la culture ». En fait, la perception traditionnelle des temps et des lieux de l'action culturelle, de la rencontre entre l'art et les publics, peut s'en trouver modifiée. Le patrimoine monumental est surtout visité en été et le week-end, à telle enseigne, on l'a vu, que le souci d'adaptation du service public incite à modifier les jours et horaires d'ouverture, en s'adaptant davantage à cette réalité. Mais à l'inverse un nouveau public ne va-t-il pas être progressivement disponible à d'autres plages de temps ? Certes, la mutation sera lente mais la fréquentation des monuments n'en sera-t-elle pas « lissée » sur les autres mois de l'année ou les autres jours de la semaine ? Quelles « réserves » de public va entraîner cette disponibilité nouvelle ?

    Les équipements culturels pareillement, ont été implantés dans les villes et les zones urbaines. Ne faut-il pas imaginer à présent une implantation géographique alternative liée aux temps de repos ou de vacances ? Quelles activités culturelles offre-t-on aux vacanciers qui s'entassent sur les plages ou à ceux de nos concitoyens qui passent le week-end dans leur résidence secondaire ? Au début des années quatre-vingt-dix, une opération expérimentale, intitulée « les Arts au soleil », avait été montée pour proposer dans plusieurs sites balnéaires une série d'activités culturelles en été. Ce type d'expériences mérite d'être répété.

Enfin, un public est resté jusqu'ici à l'écart des politiques culturelles, à l'exception de quelques tentatives restées sans lendemain : les personnes âgées et les retraités. Seule la jeunesse mériterait-elle une approche « générationnelle » ? Cette catégorie d'inactifs est sûrement plus disponible qu'il n'y paraît. Elle peut accroître la fréquentation des institutions culturelles et concourir à l'extension du bénévolat. Etre vieux, est-ce ne servir à rien, sauf à tondre son jardin et faire du bricolage ? Les personnes séjournant dans les maisons de retraite n'ont-elles pas vocation à bénéficier d'activités culturelles spécifiques ? L'insertion ou la réinsertion culturelle du troisième âge est tout autant un enjeu que son traitement social ou économique.

L'ouverture

Si la société bouge, les acteurs de la vie culturelle eux-mêmes empruntent souvent de nouvelles voies et manifestent la volonté de rapports différents tant avec les pouvoirs publics qu'avec la population. Pour illustrer cette évolution, il est intéressant de citer des extraits d'appels ou de déclarations parus dans la presse ces dernières années, et émanant d'artistes, d'intellectuels ou de responsables culturels. Dans un appel paru dans Libération (1) les signataires disaient : « Les formes artistiques qui correspondent à notre temps s'inventent de moins en moins dans les lieux qui leur sont traditionnellement consacrés et qui induisent souvent un rapport de production

(1) Libération 11 juillet 2000.

consommation. Elles s'inventent ailleurs. Dans des squats artistiques, des friches industrielles reconverties, des territoires-hôpitaux ... où l'art, s'attaquant à un problème humain, peut retrouver sa place et son sens ... Plus de cinquante ans après les débuts de la décentralisation théâtrale, les enjeux contemporains de la création ne sont pas ou mal pris en compte par l'Etat français... Il s'agit de relier les pratiques artistiques à la vie de notre société... »

Dans une déclaration parue dans La Croix (1), quarante-huit chorégraphes proclamaient : « La création a besoin de respirer... Non, la crise ne concerne pas les artistes ! Elle est d'abord celle d'une politique culturelle qui ne sait plus voir où sont les forces vives... » Pareillement, un autre regroupement de chorégraphes, le Collectif des Signataires du 20 août 1999 estimait : « Si par la création de centres chorégraphiques nationaux, l'Etat a aidé la danse contemporaine des années quatre-vingt, il n'a pas su se donner les moyens d'accompagner l'émergence des formes artistiques survenues hors de ce cadre. »

Il est de fait que la vie culturelle se renouvelle rapidement. Avec les nouvelles pratiques évoquées plus haut, se développent simultanément de nouvelles générations d'artistes qui portent sur l'art et sur la société un regard différent. Des formes de production et de programmation originales apparaissent, des artistes de toutes disciplines s'engagent dans la création d'œuvres conçues en réponse à des situations ou à des évènements contemporains, de nouveaux lieux surgissent, créés par des équipes soucieuses de liens étroits avec la cité ou avec le territoire.

Toutes ces expériences, diverses, hybrides, parfois provisoires, attestent les mutations à l'œuvre. Elles sont trans-ou interdisciplinaires, alors que les modalités d'intervention des pouvoirs publics restent largement

---

(1) La Croix 19 novembre 2000.

déterminées par la classification ancienne en disciplines artistiques séparées. Elles sont reliées aux pratiques sociales, à la vie quotidienne, et tentent d'établir des échanges avec la population : la « fabrication » de l'art inclut la participation du public, la convivialité, l'action sur les modes de vie. Elles s'appuient sur les nouvelles technologies en créant des langages inédits, tels « les arts numériques », et en suscitant l'interactivité.

On peut du reste observer que dans tous les domaines de la création, nationale ou internationale, s'exprime, dans le contenu même des œuvres, cette préoccupation de l'inscription dans la vie, du rapport au « réel », de la dimension temporelle. François Verret, avec ses Laboratoires d'Aubervilliers, ou Philippe Jamet dans la danse, Marc Pataut ou Luc Delahaye dans la photographie, Félix Gonzales-Torrès ou Damien Hirst dans les arts plastiques, Lars Von Trier (notamment avec son manifeste Dogma) dans le cinéma, peuvent être cités à titre d'exemple. Et le rap assurément, s'inscrit dans cette perspective, puisqu'il est par essence chronique de la culture suburbaine, de la vie dans les banlieues, de la violence, des codes communautaires.

Bien entendu, il ne s'agit en aucune manière de laisser entendre que seul ce type de création artistique mériterait d'être pris en compte. L'art n'a que faire des mots d'ordre, pas plus que des schémas préétablis. Si certains artistes trouvent leurs sujets dans la rue, d'autres au contraire s'en éloignent tout aussi résolument, par refus de toute dérive vers le réalisme ou le naturalisme. Comme le dit Heiner Müller, « l'art est une pratique aveugle ». Il est là pour nourrir les imaginaires, et les voies en sont multiples. Il ne s'agit donc ici que de souligner une démarche assez largement partagée et donc révélatrice de l'esprit d'une époque.

Une autre caractéristique est l'utilisation de lieux ou espaces singuliers. C'est l'objet du rapport de Fabrice Lextrait remis à Michel Duffour en 2001. Friches, laboratoires, fabriques, « contre-lieux », ou simplement démarches ou expérimentations, chaque aventure a sa spécificité, et le terme d'espaces intermédiaires n'est utilisé que comme une commodité. Certes le recours à de tels lieux n'est pas absolument nouveau, puisque des institutions culturelles ont déjà été implantées dans des espaces similaires (l'ancien Ancan à La Rochelle, la Ferme Dubuisson à Marne-La-Vallée...) mais la nature des projets y est par contre originale, par leur dimension collective, par le fait que l'art y est perçu autant comme un processus de dialogue que comme un objet achevé, par leur insertion dans le contexte local. La friche Belle de Mai à Marseille, la Condition Publique à Roubaix, le Brise Glace à Grenoble, ou encore l'Antre-Peaux à Bourges, incarnent, parmi d'autres, une telle démarche.

De même, les artistes au lieu de rester isolés, se constituent en petites communautés ou en groupes, dont les membres sont unis par une démarche de création commune et le partage d'un mode de vie. Ce phénomène n'est pas non plus unique dans l'histoire de la vie artistique, mais son émergence nouvelle indique le rejet de la « carrière » théâtrale ou chorégraphique, et la défiance à l'égard des institutions. Au théâtre, Jean-luc Lagarce et Didier-Georges Gabily ont symbolisé ces « bandes » il y a dix ans, François Tanguy, avec le théâtre du Radeau au Mans, Olivier Perrier à Hérisson dans l'Allier, ou Yann-Joel Collin et Jean-François Sivadier continuent à les représenter aujourd'hui.

Ces expériences artistiques dès lors, ne se reconnaissent pas dans les normes fixées par les pouvoirs publics, et leurs promoteurs refusent le système institutionnel que la précédente génération artistique avait au contraire investi, même si elle ne s'est pas privée de le critiquer. Elles marchent au projet, et revendiquent un « hors temps » et un « hors espace ». Tandis que le ministère de la Culture créait le Centre National de la Danse à Pantin ou tentait de transformer le théâtre national de Chaillot en lieu dédié à la danse contemporaine, des membres des collectifs des jeunes danseurs exprimaient leur indifférence à l'égard de telles opérations. Il est pourtant à noter que certains parmi ces jeunes artistes ont rejoint l'institution, tels Stanislas Nordey ou Stéphane Braunschweig, et ce avec des fortunes diverses. De plus, on ne peut exclure que quelques-uns de ces lieux ou espaces d'un type nouveau, porteurs d'innovation, ne finissent un jour par devenir à leur tour des institutions, ne serait-ce que parce qu'ils reçoivent des aides publiques, mêmes si celles-ci sont laborieusement arrachées. De manière générale, il ne faut ni sacraliser ces aventures singulières qui seraient alors prisées par le seul fait qu'elles créent du neuf dans un paysage atone, ni diaboliser les institutions, sous le seul prétexte qu'elles sont anciennes et lourdes. Mais, puisque l'action culturelle se diversifie, la question posée est de savoir comment accompagner le foisonnement des projets et la multiplicité des itinéraires.

A ces initiatives des artistes s'ajoutent celles du secteur privé. Le champ d'action de celui-ci est naturellement celui des industries culturelles. Il est aussi présent dans le soutien à la création artistique et à sa diffusion par le mécénat, mais celui-ci reste relativement modeste en France. L'apport du mécénat à la vie culturelle est de l'ordre de deux cents millions d'euros par an, à comparer aux onze milliards d'euros de dépenses publiques culturelles (Etat et collectivités territoriales confondus). Malgré les louables efforts menés par l'Admical (association pour le développement du mécénat) présidée par Jacques Rigaud, aucun boom notable du mécénat n'a été jusqu'ici constaté, même si certaines entreprises ou leurs fondations interviennent régulièrement pour soutenir la diffusion musicale, les arts plastiques ou la valorisation du patrimoine (UAP Rhône-Poulenc, TotalFinaElf, EDF, LVMH, GDF,

Crédit Agricole, etc...). Le mécénat culturel progresse lentement, pour autant que les soubresauts de la conjoncture économique ne le conduisent pas au désengagement. Sans doute les mécanismes d'incitation fiscale demeurent-ils insuffisants, même si cette explication ne saurait à elle seule suffire : la récente loi sur les musées inclut du reste une disposition favorable en cas d'acquisition par un mécène d'œuvres destinées à des musées.

En revanche d'autres initiatives du secteur privé sont beaucoup plus notables car elles déplacent des lignes traditionnelles. Celles-ci peuvent évidemment poser problème, lorsqu'elles viennent percuter les modalités habituelles de réglementation d'un secteur culturel, et paraissent remettre en cause ses conditions de production et d'exploitation, notamment lorsque ces dernières sont supervisées ou contrôlées par les pouvoirs publics. Dans le domaine du cinéma, c'est le secteur privé qui a introduit récemment des changements importants par la création des multiplexes et l'institution de la carte UGC. L'exploitation en salles des films s'en est trouvée modifiée, avec ses conséquences, pas toutes négatives, sur la fréquentation du public ou sur la préservation du réseau des salles d'art ou essai. L'Etat ensuite, par le biais du Centre National de la Cinématographie, n'a eu d'autre choix que de trouver *à posteriori*, la voie d'un autre équilibre économique et financier par des dispositions juridiques qui tiennent compte de la réalité nouvelle ainsi créée.

Le développement de l'initiative privée dans le domaine culturel – sans même parler de celui de la communication – est un mouvement international. Les grands groupes audiovisuels privés occidentaux accaparent le marché dans les pays d'Europe de l'Est, et la Fondation Guggenheim crée de nouveaux musées, à Bilbao ou Sao Paulo, diffusant ainsi son modèle dans le monde entier.

En France, des sociétés privées ou des capitaines d'industrie jusqu'alors étrangers au domaine culturel décident à présent d'y intervenir, en investissant des sommes parfois considérables. Ainsi Vivendi a lancé le portail culturel Divento et a racheté l'Olympia jusqu'ici propriété de la famille Coquatrix. L'activisme de Vivendi n'est pas dû au hasard, même si cette entreprise a subi les déconvenues que l'on sait. La logique à l'œuvre est celle de l'intégration verticale : de la maîtrise de la production grâce à sa maison de disque à l'exploitation sur les nouveaux réseaux des services de communication en passant par la diffusion en salle des artistes. Ainsi cette société a espéré établir un lien, aux retombées financières fortes, entre des parcs de clients abonnés et des portefeuilles de contenu diversifié, dans la musique, le cinéma ou les jeux.

De même François Pinault d'une part a acheté Christie's, l'une des deux principales maisons de vente aux enchères au niveau mondial, d'autre part a décidé de créer un grand équipement culturel, un musée d'art contemporain, sur l'Ile Seguin à Boulogne-Billancourt. Avec l'édification d'un tel projet, la Fondation Pinault va se situer d'emblée comme un nouvel et incontournable acteur sur le marché de l'art, à côté ou en vis-à-vis de l'Etat. Son but avoué est de soutenir la cote des artistes français sur le marché international et de les montrer dans le monde entier, en regard des artistes américains, italiens ou allemands qui sont pour l'instant dominants. Grand collectionneur lui-même, François Pinault a les moyens de son ambition. La donne est modifiée. L'Etat, avec la Délégation aux Arts Plastiques, le Centre Pompidou, son réseau de FRAC et de centres d'art, n'est désormais plus seul lorsqu'il s'agit de donner le « la », « la » au reste limité au marché hexagonal. Un second interlocuteur se positionne, doté d'une force de frappe financière. Faut-il le regretter ? Une collection privée va-t-elle se substituer aux collections publiques ? La mission de service public de l'Etat en est-elle menacée ? On peut plutôt répondre que l'intervention privée et l'intervention publique ne s'excluent pas et peuvent être complémentaires. Lorsqu'il s'agit de prendre une décision d'achat, un musée privé est susceptible d'avoir des réactions plus rapides qu'une institution publique. Une chose est sûre à travers ces deux exemples. Le rôle de l'Etat est relativisé, et ses serviteurs vont apprendre à vivre dans un nouveau contexte.

Dans le même ordre d'idées, de nouveaux rapports s'instituent entre les collectivités territoriales et l'Etat. Celles-ci ont toujours participé à la vie culturelle, notamment les communes, puisque beaucoup d'équipements culturels sont municipaux : bibliothèques, musées, opéras, théâtres... Leur rôle n'a cependant cessé de croître à la mesure de la demande culturelle qui s'est fait jour au niveau local, et des efforts financiers qu'elles ont accomplis. Ce rôle primordial demeure, même si, comme on l'a vu, les villes ont dû ces dernières années réduire leurs programmes d'investissement et modérer la croissance de leurs dépenses de fonctionnement en raison du contexte de rigueur budgétaire et aussi de l'émergence d'autres besoins nouveaux.

L'ensemble des collectivités territoriales dépense 4,6 milliards d'euros (30 milliards de francs) pour la culture (1), alors que le ministère de la Culture n'en dépense que la moitié. Les communes à elles seules représentent les trois quarts de cette somme et sont donc les premiers financeurs de la vie culturelle. Protection du patrimoine, formation, production artistique, action culturelle.., toute la gamme des activités culturelles est couverte par les dépenses culturelles des villes.

Lorsque dans les années quatre-vingt l'administration culturelle a dû, dans le cadre des lois de décentralisation,

---

(1) Chiffres 1996 du Département Etudes et Prospectives du ministère de la Culture et de la Communication.

transférer aux départements la responsabilité et les moyens des archives départementales et des bibliothèques centrales de prêt, des craintes ont été à l'époque émises, que cette dévolution de compétences n'entraîne un affaiblissement du service public culturel ou une régression de l'effort financier. Il n'en a rien été, bien au contraire ! Les départements se sont appropriés ces équipements et ont largement contribué à leur développement.

Dans la montée en puissance des collectivités territoriales, il y a eu en fait trois phases. La première a été celle de l'Etat prescripteur, celui-ci « dictant » aux collectivités territoriales le contenu des politiques culturelles. C'est l'Etat qui a lancé et dirigé la politique des centres dramatiques, des maisons de la culture, des orchestres. La deuxième phase a été celle de l'Etat incitateur. Il a élaboré des partenariats, sur la base de ses propositions, avec les acteurs locaux assumant de leur côté l'essentiel des financements. Les chartes culturelles au temps de Michel Guy, les conventions de développement culturel dans les années quatre-vingt ont traduit cette démarche contractuelle. La troisième phase se caractérise par une volonté de codécision, voire de décision tout court sur le contenu de la part des élus locaux. Qui paie décide. Or ceux-ci disposent de plus en plus de moyens et de l'expertise justifiant cette revendication.

Pour avoir beaucoup travaillé avec les élus locaux, je peux avec quelque assurance témoigner de l'ampleur des évolutions. Les élus en charge de la culture, adjoints au maire ou conseillers municipaux, ainsi que beaucoup de maires, ont acquis une vraie compétence dans leur domaine d'action. Et ceux qui ont eu la chance de voir leurs mandats plusieurs fois renouvelés sont devenus d'incontestables experts. Il est vrai historiquement que ce sont d'abord les villes de gauche, communistes et socialistes, qui se sont lancées dans l'élaboration de politiques culturelles ambitieuses et cohérentes. Mais il serait injuste de passer sous silence l'action de mairies classées à droite de l'échiquier politique, qui ont su tout autant favoriser le développement culturel de leurs villes. De plus l'action d'associations d'élus, telles que la FNCC (Fédération Nationale des Communes pour la Culture), ou la FNESR (Fédération Nationale des Elus Socialistes et Républicains) ou même l'Association des grandes villes de France ont joué un rôle d'information, d'échange d'idées ou de coordination non négligeable. Les communes, mais aussi les départements et les régions, se sont dotés du personnel et d'outils techniques appropriés. Leurs services culturels se sont étoffés. Dans de nombreuses collectivités territoriales, des directeurs des affaires culturelles aux compétences avérées ont été recrutés, devenant les partenaires incontournables et reconnus des professionnels culturels et des DRACS. Les collectivités territoriales ont également développé la coopération culturelle internationale, en passant des accords avec des régions ou des villes de pays voisins.

Certes le paysage n'est pas idyllique. La situation n'est pas la même dans toutes les parties du territoire. Certaines communes ont une politique « d'image » autant qu'une politique culturelle, et ont pu en certains cas abuser de la création d'équipements phares et coûteux, ou de nominations réputées prestigieuses.

Il en reste que c'est à présent à bon droit que la question d'une nouvelle étape de la décentralisation culturelle peut être posée, puisque les collectivités territoriales ont aujourd'hui la maturité et l'expérience nécessaires.

Le sujet est d'autant plus d'actualité que des modifications institutionnelles importantes ont eu lieu. L'une des faiblesses traditionnelles de l'action culturelle des villes est l'émiettement communal et le manque de complémentarité et de mise en commun des moyens qui en découle. Rivalités entre communes ou entre les différents niveaux de collectivités territoriales, disparités entre la ville-centre et sa banlieue, inégalités de ressources liées à la taxe professionnelle... La vie culturelle fait parfois les frais d'un environnement administratif ou politique imparfait. Or de récentes lois, dites loi Voynet et Chevènement, ont renforcé et simplifié les dispositifs de regroupement et de coopération entre les communes : communauté de communes, communauté d'agglomération, communauté urbaine... L'intercommunalité est appelée à se développer et l'action culturelle peut en tirer d'incontestables bénéfices.

Une objection est cependant faite à l'idée d'accroître la décentralisation culturelle : il arrive que des collectivités territoriales menacent la création. C'est l'une des raisons majeures pour lesquelles les directeurs d'institutions culturelles sont réticents, voire rétifs devant la perspective de voir les responsabilités des élus locaux gagner en importance. Il est de fait que des atteintes aux libertés dans la culture ont été commises, qui jalonnent l'histoire des politiques culturelles. Elles n'ont pas été nombreuses, mais elles furent suffisamment significatives pour ancrer solidement dans l'esprit d'un certain nombre d'artistes la conviction qu'ils ne devaient en aucun cas être en tête-à-tête avec les élus locaux, et que la présence de l'Etat restait indispensable. Il suffit qu'à l'issue d'élections municipales, intervienne un changement de bord politique pour que des édiles locaux commettent l'irréparable : licenciement d'un directeur, suppression d'une maison de la culture ou d'un festival, coupe sombre de crédits...

Encore tout récemment, après les dernières élections municipales en 2001, des villes conquises par la droite se sont illustrées dans cette veine en diminuant de façon drastique des subventions ou en déstabilisant des responsables culturels. Surtout, des villes conquises par le Front National ont montré les graves dangers que peut connaître la liberté de création ou l'indépendance de programmation de professionnels lorsque des élus s'engagent dans une voie clairement répressive. Qui ne se souvient du cinéma de Vitrolles, obligé de fermer brutalement ses portes, de la bibliothèque d'Orange soumise au diktat de la municipalité dans les choix d'acquisition de ses ouvrages, ou encore du centre culturel de Chateauvallon, animé par Gérard Paquet, frappé de plein fouet par la vindicte du nouveau maire ?

Alors surgit l'interrogation : est-il vraiment souhaitable d'accroître la décentralisation dans le contexte actuel ? Par exemple, que deviendrait le Festival d'Avignon si par malheur, un jour, la ville devait être dirigée par des élus qui se situent hors du champ de la tradition républicaine ?

Enfin un commentaire doit être ajouté à propos de l'administration culturelle. Si elle est en panne, elle n'en dispose pas moins de réserves de compétences. Les agents du ministère sont souvent passionnés par leur tâche, et non dépourvus d'une certaine fierté d'appartenir à une administration, certes petite, mais à la spécificité forte. C'est un atout. La mobilisation est possible, dès lors que des axes clairs sont tracés, et une perspective ouverte. Et c'est en prenant pleinement en compte les changements de leur environnement qu'ils contribueront à un nouvel élan culturel, que beaucoup appellent de leurs vœux.

CHAPITRE VIII

Pour un nouvel élan culturel

L'argent d'abord ?

Refonder, relancer, reconstruire, peu importe le vocable, le consensus se fait aisément, tous courants politiques confondus, pour reconnaître l'opportunité voire l'urgence d'un nouveau souffle.

Mais, quelles que soient les orientations d'une nouvelle politique culturelle, il y aurait un préalable, sans lequel les meilleures intentions du monde ne manqueraient pas de demeurer lettre morte : l'argent, oui cet argent que la Culture va conquérir de haute lutte contre la pingrerie du ministère du Budget, et l'indifférence des majorités politiques en place !

Les moyens d'abord. La bataille pour le 1% dans la culture, c'est à dire 1% du budget de l'Etat consacré au ministère de la Culture, a duré des années. Ce 1%, acquis dans le budget 2002 avait déjà été atteint en 1993, avant que des collectifs budgétaires ne viennent le raccourcir singulièrement. Entre-temps, le périmètre du ministère de la Culture aura subi des variations qui rendent les comparaisons chiffrées passablement difficiles. En réalité, à périmètre constant le 1% de 2002 n'est pas tout à fait encore celui de 1993. A l'inverse, il faut admettre que si l'on inclut les dépenses culturelles assumées par d'autres ministères, notamment celles d'éducation artistique relevant du ministère de l'Education ou celles des relations culturelles extérieures dépendant du Quai d'Orsay, le chiffre réel se rapproche de 2%.

Bien sûr, le 1%, pas plus que tout autre chiffre, n'est fondé sur une analyse précise des besoins. Le 1% a eu une vertu mobilisatrice et a fonctionné comme un mythe. A ce titre, son utilité a été considérable pour convaincre les récalcitrants, qui furent nombreux. J'ai moi-même, avec tant d'autres, notamment Jack Ralite, sénateur-maire d'Aubervilliers, ancien ministre et surtout homme passionné de culture, lutté longtemps pour cet improbable eldorado.

Le 1% atteint, les problèmes du budget de la culture ne sont pas réglés pour autant et sa rigidité actuelle est, on l'a vue, flagrante, car les besoins n'ont cessé de croître au fil des ans, tandis qu'une fois créées ou établies, les institutions culturelles et les actions de longue haleine de l'Etat, telles la formation ou la restauration du patrimoine, consomment mécaniquement la plus grande part des ressources.

Qu'à cela ne tienne, des voix prônent d'ores et déjà sans ambages un nouveau cap : le 2% …

L'administration culturelle a su également créer des dispositifs de « recyclage » de ressources soit à l'intérieur du champ culturel, soit en provenance d'autres activités, à son bénéfice. Les fonds de soutien au théâtre ou aux variétés, le fonds de soutien au cinéma, surtout les prélèvements sur les ressources des chaînes de télévision au profit des aides au cinéma et à la production audiovisuelle gérées par le CNC, en sont des exemples marquants.

Et que dire de l'UNEDIC et de ses fameuses annexes huit et dix, qui assurent le financement du chômage des intermittents du spectacle ? Le déficit entre les cotisations et les prestations se monte à présent à quelques milliards qui, s'ils demeurent moins nombreux que les doigts d'une seule main, augmentent néanmoins régulièrement. C'est pourquoi le MEDEF menace, tout aussi régulièrement, de remettre en cause le système. De même, la loi de 1985 sur les droits d'auteurs et les droits voisins affecte une partie des redevances collectées par les sociétés de perception et de répartition des droits à des actions d'intérêt général : argent privé certes, mais qui concourt à des actions de soutien à la création et à la formation. Les périodes de disette budgétaire ont conduit, dans cette veine, à prospecter de nouvelles pistes : pourquoi pas un prélèvement sur les ressources du Loto pour financer les acquisitions d'œuvres d'art ? Cette formule existe, sous des formes et avec des finalités diverses dans d'autres pays : en Grande Bretagne, en Finlande, en Italie, dans certains länder d'Allemagne.

La crainte d'une nouvelle réduction du budget de la culture a amené certains, notamment des responsables de la nouvelle majorité issue des dernières élections législatives de 2002, à demander « sa sanctuarisation ». Les crédits de la culture, à l'abri dans une enveloppe divine, seraient ainsi protégés des attaques prédatrices de tous les apostats. Certes qui ne peut souscrire à l'idée de préserver un budget qui risque toujours d'être perçu comme moins prioritaire que d'autres au moment d'arbitrages douloureux ? Mais la métaphore religieuse n'est pas quelconque. Du reste André Malraux n'affirmait-il pas : « La culture, c'est ce qui permet de fonder l'homme lorsqu'il n'est plus fondé sur Dieu » ? Le risque est le suivant : sanctuariser ne serait pas seulement traiter à part, mais aussi mettre à l'écart. La culture n'aurait plus à voir avec l'économique ou le social, tout juste serait-elle encore séculière ? Je ne crois pas pour ma part, au risque de surprendre, que la déréalisation, même symbolique, du budget culturel, soit la meilleure façon d'en faire comprendre l'utilité profonde à nos concitoyens. De plus, sanctuariser, c'est protéger et conserver : l'assurance anti-baisse du budget ? Mais c'est peut-être aussi immobiliser et hypothéquer toute augmentation : le frein anti-hausse ?

Est-ce à dire que les choses devraient rester en l'état, et qu'il ne faudrait plus plaider pour un accroissement des moyens ? Assurément non !

Le problème est quelque peu différent. Tous les secteurs demandent de façon récurrente des crédits nouveaux. Quel est l'établissement public ou la scène nationale qui ne proteste pas contre la dégradation de ses moyens ? Quel est le chef de bureau qui ne souligne pas, à chaque réunion budgétaire, la nécessité d'un effort sans précédent pour remédier à tous les manques qu'il a identifiés ? La somme de ces demandes, si légitimes soient-elles, ne fera jamais une politique. Et une fois satisfaites, les mêmes, actualisées, seront formulées de rechef. Ainsi s'enclenche une spirale sans fin, dans laquelle le budget culturel est prisonnier des intérêts catégoriels, des politiques sectorielles, de la vitesse acquise...

Dans un tel contexte, le facteur déterminant pour l'instance politique n'est pas tant la confluence de tous ces flux que la capacité de leurs porte-parole professionnels à pétitionner, défiler dans les rues, et houspiller les gouvernements dans les journaux télévisés ou radiophoniques.

C'est pourquoi l'élaboration d'une stratégie préalable articulée sur des choix forts, une hiérarchie de priorités, une vision du développement culturel, doit être le véritable argument incitatif pour engager une nouvelle étape du budget du ministère. Faute de quoi, les acteurs de la vie culturelle risquent d'en être réduits, pour obtenir les faveurs du prince, à se concurrencer dans une chasse aux subsides qui n'a de vainqueurs que provisoires, les plus forts n'ayant gain de cause qu'aux dépens de leurs collègues et voisins ?

En 1982, après l'arrivée de la gauche au pouvoir, le budget de la culture a doublé. Il est peu probable qu'un tel événement se reproduise. Les crédits nouveaux ne sauraient servir uniquement, ni même principalement, à perpétuer l'existant, avec des moyens d'agir remis à niveau. Il est vrai que l'administration sait davantage anticiper le financement de l'investissement d'un équipement que celui de son fonctionnement ultérieur ; d'où il résulte que certaines structures peuvent objecter qu'elles n'ont jamais reçu, au moment de leur ouverture, les crédits nécessaires à la réalisation de leurs missions. Si cet argument ne saurait être négligé, ce sont néanmoins des orientations et des actions nouvelles qui doivent être privilégiées, correspondant aux mutations de la vie culturelle et aux enjeux qui traversent la société.

En effet, l'action publique dans la culture sera d'autant mieux soutenue budgétairement qu'elle sera comprise et lisible par la population. C'est pourquoi si elle doit être porteuse de ses spécificités propres (soutenir la création, favoriser la transmission, développer de façon générale l'échange d'idées) elle doit aussi en légitimer les enjeux, c'est-à-dire rendre compte du monde d'aujourd'hui, des fractures et des crises de celui-ci. Elle n'a pas vocation à résoudre ces problèmes mais elle doit montrer qu'elle est aux prises avec eux. Et cette action publique doit être soutenue par un discours symbolique fort que seule l'instance politique peut tenir.

Goût : le risque

Selon l'acception traditionnelle, l'Etat assume dans le champ culturel les missions fondamentales de conservation, de création, de formation. Il est clair aujourd'hui que leur financement et leur mise en œuvre sont largement partagés avec d'autres partenaires notamment les collectivités territoriales, et que le temps où il fallait convaincre celles-ci de l'intérêt de restaurer un bâtiment ancien plutôt que d'assister passivement à sa dégradation, ou de construire un théâtre ou une salle de concerts, est révolu. Même à l'égard de la création où elles étaient parfois plus réservées, elles montrent une vraie implication : les compagnies de théâtre ou de danse sont dans la plupart des cas cofinancées par les services de l'Etat et les communes.

De là découle l'idée que l'Etat doit prendre acte de cette large diffusion de la « préoccupation culturelle », et redéfinir non pas ses missions elles-mêmes, mais la manière dont il les remplit. Il gagne à recentrer ses interventions sur l'innovation, la prise de risque, artistique ou financière, l'exceptionnalité. Il doit assumer une fonction que lui seul peut vraiment assumer, la fonction de recherche au sens large du terme.

Lors de la précédente décennie, l'Etat a lancé un programme de soutien aux musiques nouvelles et actuelles qui, s'il n'a certes pas épuisé toutes les attentes dans ce secteur, a permis néanmoins de structurer des pratiques jusqu'alors perçues comme marginales. Il a cofinancé la construction des salles Zénith, aidé l'équipement de studios de répétitions, mis en place le réseau de « SMAC », les scènes de musiques actuelles. De même, il s'est résolu récemment à apporter un soutien accru aux arts du cirque et au théâtre de rue.

Il lui revient à présent d'aider de façon déterminée ces expressions artistiques, évoquées dans le chapitre précédent, qui se déploient de façon multiforme et indépendante et échappent largement à la réalité culturelle instituée. L'Etat doit retrouver son rôle de découvreur en faveur de l'art contemporain. N'est-ce pas ce qu'il fait, objectera-t-on, lorsque dans le domaine des arts visuels, il ouvre le centre de la jeune création au Palais de Tokyo ? Sans doute, mais cela ne suffit pas, et en prenant cette initiative, l'Etat réagit une fois de plus avec le réflexe habituel qui est le sien, à savoir qu'il crée une structure ou une institution nouvelle, pour répondre à un problème. Plutôt que d'institutionnaliser, il faut trouver des formes d'aide qui «collent » à la réalité des pratiques, et ne risquent pas, avec les meilleures intentions du monde, de nier leur spécificité, laquelle est de ne pas séparer la vie et la culture. « La gestion de l'art » doit aussi apprendre à sortir de la seule logique de « l'exhibition » culturelle des objets par leur encadrement institutionnel, qui est souvent l'antichambre de sa rapide patrimonialisation. Non point que celle-ci soit en soi condamnable, mais sans doute faut-il laisser le temps faire son œuvre. L'art vivant ne saurait être d'emblée domestiqué ou « intégré ».

Si donc des ressources financières nouvelles sont mobilisées, c'est d'abord en faveur des nouvelles formes de création qu'elles méritent d'être consacrées : celles qui expérimentent de nouvelles transdisciplinarités ; celles qui retrouvent une dimension d'échange avec des populations et des territoires ; celles qui recourent aux nouvelles technologies ; celles qui nouent des liens avec les sciences ou les techniques, car sur ce plan des paroles croisées s'expriment de plus en plus souvent...

La vie artistique est mobile et foisonnante. L'action publique doit se tourner résolument vers elle. Il ne s'agit pas pour autant de soutenir l'émergence des formes artistiques sans discernement, et de poser les bases d'une sorte de tiers secteur culturel promis à un assistanat généralisé. L'Etat, en favorisant l'émergence, doit rester sélectif. Découvrir, c'est observer et guetter, puis repérer. Il lui revient partant de mettre en place des outils adaptés, de définir des modalités de soutien souples et appropriées, enfin de soutenir les nouveaux talents en les accompagnant, si besoin est par des actions de formation professionnalisantes.

Est-ce à dire que le ministère de la Culture doit, se faisant, se désengager du financement régulier des institutions culturelles, et se concentrer sur l'aide aux projets éphémères et informels ? Ce serait à n'en pas douter une lourde erreur. Ces réseaux d'institutions qu'il a créés, il ne saurait aujourd'hui les abandonner à leur sort sans perdre l'un des instruments essentiels de son action. En dépit de leur lourdeur les institutions peuvent contribuer de façon décisive au soutien à la création ou à la mise en valeur du patrimoine.

La question posée est de savoir comment la dérive, voire pour reprendre l'expression utilisée par certains directeurs d'institutions eux-mêmes, « la sclérose » du système peuvent être combattus. Au lieu d'être au service de leur mission fondamentale, les structures, par leur fonctionnement propre, obligent leurs responsables et les artistes à se soumettre à elles et à leurs contraintes.

Dans le domaine des arts de la scène, Catherine Trautmann avait établi « une charte des missions de service public » qui, assortie de contrats d'objectifs passés entre les pouvoirs publics et les institutions, avait vocation à mieux définir leurs obligations et leurs moyens. L'initiative était louable mais a buté sur la plainte récurrente à l'encontre des subventions qui stagnent ou s'effilochent, ou encore de « la fonctionnarisation » croissante des établissements de la décentralisation théâtrale que cette procédure encouragerait.

Alors faut-il souscrire au pessimisme définitif de certains artistes ? « L'institution n'est pas une machine pour les artistes. Les outils actuels ne sont pas adaptés à la génération qui émerge » dit Stanislas Nordey. « Il faudrait supprimer le Festival d'Avignon pendant plusieurs années, et de même pour les maisons de la culture », ajoute Claude Regy.

Il faut plutôt que les institutions retrouvent le goût du risque et redeviennent des lieux d'expérimentation. De ce point de vue, « l'aggiornamento » nécessaire est autant celui des autorités de tutelle que celui des équipes travaillant dans les structures. La tutelle en effet demande à la fois des créations nombreuses et de haut niveau, la rentabilité économique, et l'élargissement des publics. A moyens constants, l'équation est sans solutions. A moyens en augmentation, on regardera les chiffres pour déplorer la faiblesse des recettes de billetterie ou le non-respect des clauses contractuelles relatives au nombre des créations ou aux pièces contemporaines. Un tel bilan est indispensable, mais ne saurait suffire.

Le fondement de l'existence de ces institutions, c'est de produire l'art d'aujourd'hui et de construire un rapport entre cet art et la société. La question est de savoir si les démarches artistiques des responsables d'institutions, dont les spécificités sont pleinement respectables, s'efforcent effectivement de construire un tel rapport autrement que par les techniques de communication et de marketing. Quels liens tissent-ils avec la population ? Quelle est leur implication dans « le territoire », celui du quartier, de la ville, du pays ? Les limites de la démocratisation culturelle ne sauraient servir de paravent commode au repli sur le thème de « l'art pour l'art », au prompt abandon du patient travail de conquête des publics, ou bien encore à la réduction résignée de « la voilure ».

L'expérience le montre, une institution vivante est une institution qui, d'une façon ou d'une autre, se montre capable, non seulement d'assumer sa mission propre, mais encore d'être en décalage par rapport à celle-ci, c'est-à-dire de créer des passerelles entre les arts, d'expérimenter de nouvelles relations avec le public, d'aller au-delà de la gestion de l'existant. L'institution doit être à la fois là où on l'attend, et là où on ne l'attend pas. C'est très exactement ce que Monum, le Centre des Monuments Nationaux, a tenté de faire : se situer comme médiateur entre le patrimoine et la création, devenir un partenaire actif des nouvelles formes culturelles. En rompant avec lui-même, il ne se reniait pas, mais restait au contraire fidèle à son identité profonde.

Soutenir l'innovation et la recherche : cette compétence de l'Etat doit être, non pas exclusive – car d'autres partenaires peuvent y contribuer – mais privilégiée. Plus éloigné du terrain, l'Etat est moins soumis que d'autres aux pressions locales. Il a une spécificité qui lui est reconnue : il est l'interlocuteur irremplaçable des créateurs, artistes, auteurs, producteurs. Sa tâche primordiale est d'assurer leur présence, leur rayonnement, leur visibilité dans l'espace public, parce qu'ils sont « défricheurs d'avenir ».

En affirmant cette fonction première et en y concentrant ses moyens, l'Etat peut *ipso facto* proposer la redistribution des rôles qu'induit l'évolution de la vie culturelle.

La décentralisation culturelle en effet n'est pas une fin en soi. Elle n'est justifiée que si elle s'appuie sur le constat de difficultés et de carences, et que si la dévolution de responsabilités et de moyens aux collectivités territoriales apparaît comme l'outil le plus adapté pour résoudre des problèmes et répondre à des attentes nouvelles.

On peut aussi ajouter que la décentralisation culturelle n'est pas en elle-même synonyme de démocratie culturelle. Il ne suffit pas de rapprocher le pouvoir du terrain pour que la population soit davantage associée, ou pour que la prise de décision devienne participative.

Enfin, la décentralisation ne saurait signifier amoindrissement de l'exigence de qualité artistique ou scientifique des équipes et des lieux. Elle doit même en bonne logique apporter un plus.

Une nouvelle phase de la décentralisation culturelle apparaît aujourd'hui souhaitable tout simplement parce que certaines missions seront mieux assurées par les collectivités territoriales que par l'Etat (1). Il est certain que celles-ci sont, tout autant, confrontées aux limites que leur imposent des capacités financières restreintes. Pourtant elles sont davantage en situation de prendre ou reprendre à leur compte des activités ou des équipements qui ont une forte influence sur le développement local, la création d'emplois ou l'essor du tourisme. Un exemple flagrant en est la mise en valeur des monuments historiques. Il serait fâcheux que l'Etat n'ait plus

---

(1) Le nouveau Gouvernement dirigé par Jean-Pierre Raffarin fait de la décentralisation, sur un plan général, l'une de ses priorités. Au moment où ces lignes sont écrites, les conséquences précises dans le champ culturel n'en sont pas encore connues.

de responsabilité en matière de contrôle et de financement des travaux sur les monuments protégés, notamment classés. Il serait anormal qu'il délègue aux collectivités territoriales la responsabilité des grands monuments dont il a actuellement la charge et qui contribuent au rayonnement international de la France. En revanche, doit-il rester seul dépositaire de la garde et de l'animation de monuments dont le rayonnement est surtout local pour l'instant, dont la fréquentation est modeste, et pour lesquels il n'a pas les moyens permettant un changement d'échelle ? Ne pourrait-il pas déléguer cette mission ici à une région, là à une commune ou à un regroupement de communes, dès lors que ceux-ci seraient désireux de faire de ces monuments des vecteurs principaux du développement culturel de leur territoire ?

Ce n'est pas le lieu ici de proposer un catalogue des secteurs ou pans de compétences qui mériteraient un transfert de responsabilités, ni d'entrer dans le détail juridique ou technique des mesures qu'il conviendrait de prendre.

Par ailleurs de nombreuses compétences sont actuellement exercées de façon conjointe par l'Etat et les collectivités territoriales, et font l'objet de partenariats, contractualisés ou pas. C'est le cas tout particulièrement pour les réseaux d'institutions culturelles soutenus par des financements croisés (scènes nationales, centres dramatiques, FRAC, centres d'arts, centres chorégraphiques nationaux etc.). Cette pluralité de tutelles et de financements est quelquefois critiquée en raison de sa faible lisibilité, de la superposition d'intervenants et de modalités d'aide, de la prime donnée aux plus débrouillards, qui savent frapper à la bonne porte ou actionner la bonne sonnette. Mais elle est aussi un gage d'indépendance pour les institutions et les acteurs de la vie culturelle, ainsi que d'équilibre des pouvoirs. La nature même des missions assumées par ces institutions n'induit pas non plus avec évidence que l'unique responsabilité doive en être confiée aux interlocuteurs locaux, alors qu'elles sont le cœur historique de l'intervention du Ministère en faveur de la production artistique ou de la diffusion du patrimoine. Un changement brutal de leurs modalités de financement ou de nomination de leurs directeurs aurait une forte charge symbolique. Il n'est cependant pas exclu de raisonner institution par institution. Celles qui sont fortement impliquées dans une démarche d'expérimentation en matière artistique ou de recherche de publics ont certainement besoin de l'appui de l'Etat. Est-ce encore le cas pour celles dont la programmation est moins audacieuse ou plus convenue ?

Un autre débat complexe est celui du niveau territorial de délégation des compétences. Quelles doivent-être les responsabilités respectives de la région, du département, de la commune, du niveau intercommunal ? Et ces collectivités doivent-elles et souhaitent-elles exercer à leur tour des responsabilités conjointes ? Cette problématique n'est guère nouvelle et la réflexion a mûri lentement. Il est aujourd'hui loisible de considérer que certaines fonctions peuvent faire l'objet d'un réaménagement de la répartition des compétences : les enseignements artistiques, la diffusion artistique, notamment musicale, une partie de la protection du patrimoine.

Mais quels que soient les contours de cette nouvelle étape de la décentralisation, il n'est plus possible de faire l'économie des possibles conséquences d'une nouvelle avancée en ce domaine sur la liberté de création et la nécessaire autonomie des professionnels culturels.

Les collectivités territoriales s'administrent librement, conformément au principe constitutionnel, et cette liberté n'est pas à remettre en cause. Les lois de décentralisation ont certes prévu un contrôle scientifique ou technique de l'Etat, mais pour des catégories de structures culturelles dont elles confient nommément la responsabilité aux collectivités territoriales : les établissements d'enseignements artistiques, les bibliothèques, les musées, les archives. Par contre elles n'évoquent à aucun moment le soutien à la création. Ce vide des textes est préoccupant. Comment accroître la décentralisation alors que des pouvoirs locaux, qui sont ou pourraient être aux mains d'élus aux options politiques extrémistes, auront la possibilité de réprimer les créateurs qui n'auront pas l'heur de leur plaire ou seront plus prosaïquement accusés de choquer leurs concitoyens ?

Répétons-le, la grande majorité des élus est respectueuse de la liberté artistique, mais il est arrivé que celle-ci soit bafouée, et les incertitudes de l'avenir incitent à la prudence.

Aucun arsenal juridique ne protégera jamais totalement les artistes contre les réactions défavorables que peuvent susciter des œuvres dont la fonction est précisément de déranger l'ordre établi ou de troubler le conformisme ambiant. Toutefois on peut s'interroger sur l'opportunité d'introduire dans la loi une mesure de protection contre l'arbitraire : elle consisterait à conférer une valeur légale au principe de liberté artistique, dès lors placé sous le contrôle de légalité opéré par l'Etat ou le juge. Cette mesure serait un garde-fou, et donnerait une voie de recours à ceux qui s'estiment victimes d'un acte répréhensible à ce titre.

Profession : éclaireur

La fonction sociale de l'art, le combat pour l'égalité dans la culture, la lutte contre la fracture sociale dans la culture, la politique sociale de la culture, la démocratie culturelle.. : par-delà les différences d'approche des concepts, toutes ces formulations, qui se sont succédés dans le temps, ont exprimé le souci d'un impact de la politique culturelle sur la société et ses diverses composantes.

Disons-le clairement : la culture ne peut pas être un substitut aux politiques sociales et de réduction des inégalités. « La culture, c'est ce qui sert quand tout le reste a échoué »... Nombre de professionnels culturels sont en effet confrontés aux demandes insistantes d'élus ou de travailleurs sociaux : ils sont sommés de retisser une identité, d'opérer une rédemption économique, de panser les plaies de la société. La culture est alors instrumentalisée, et les artistes deviennent une nouvelle catégorie d'animateurs sociaux.

Par contre, la culture peut accompagner une démarche globale, et surtout l'éclairer. L'art ne résout pas les crises économiques et sociales, ni ne supprime les tensions ou les conflits. Mais il les révèle, les exprime, les représente. A ce titre, il aide une population ou un groupe à maîtriser sa situation et son environnement, par la prise de conscience ainsi que par l'appropriation de capacités d'expression, et donc de dialogue et de rencontre. C'est cette fonction d'éclaireur qui doit être mise en exergue et développée aujourd'hui.

C'est en ce sens que l'ont peut souscrire à l'idée de la culture comme facteur de cohésion sociale, qui est si souvent utilisée pour lui conférer une utilité ou la sortir de son hypothétique marginalité. Comme le souligne Henri Pierre Jeudy, « la politique utilise la culture pour imposer à l'art les impératifs de son utilité sociale... Ce qui est rendu publiquement acceptable, c'est l'utilité sociale et culturelle de l'inutile» (1).

L'art est de l'ordre de l'inutile ; il remet en cause ou interpelle plus qu'il ne concilie ou réconcilie ; il ne colmate pas les brèches d'une société en perte de repères. Mais parce qu'elle facilite la reconnaissance de soi et des autres, contribue à la promotion de la diversité, aiguise le sens critique, la culture peut en effet être un ferment du lien social. Elle a une fonction citoyenne parce qu'elle est émancipatrice.

(1) Henri-Pierre Jeudy « Les usages sociaux de l'art » Circe 1999.

C'est bien donc dans la recherche d'une articulation nouvelle entre la culture et la société, dans la redéfinition du rôle que l'art joue dans les processus de transformation sociale et la construction d'une société plus ouverte et plus démocratique, que peuvent être trouvées les voies d'une relance de la politique culturelle.

L'art ne peut être utilisé à d'autres fins que lui même, ou être érigé en pompier d'un ordre social menacé par le désarroi des banlieues difficiles : la culture, encore une fois, n'est pas soluble dans la question sociale. En revanche, il est légitime d'affirmer que les professionnels culturels et les artistes ont, dans le respect de leur indépendance de création et de programmation, une responsabilité sociale, et aussi que la culture doit être pleinement insérée dans une stratégie qui mette au premier rang de ses préoccupations les valeurs de solidarité, d'échange, de partage.

La première orientation qui en découle est qu'il faut, plus que jamais, reprendre le combat pour insérer la culture dans l'ensemble des politiques publiques tant au plan national que local : urbanisme, logement, aménagement du territoire, sécurité, etc... Par insertion, on entend prise en compte de la dimension culturelle des problèmes en amont, et non pas en aval. Décider a *posteriori* de passer une commande d'une œuvre d'art sur une place publique suscite au mieux, chez les habitants, un succès de curiosité, mais n'est qu'un habillage ; il ne faut pas s'étonner que, quelques semaines ou mois plus tard, l'œuvre soit dégradée et souillée.

En revanche, associer des artistes et des directeurs de structures culturelles à l'élaboration des plans d'urbanisme, à la réflexion sur la qualification de l'espace urbain, ou au choix d'implantation d'équipements paraît beaucoup plus riche dans la méthode et porteur d'avenir dans les résultats. Il en va de même pour le fameux 1% sur les constructions publiques, qui oblige les maîtres d'ouvrage à consacrer 1% du budget d'équipement à une œuvre d'art. Au lieu de construire d'abord l'équipement et de choisir ensuite un artiste chargé de proposer une œuvre décorative sur le mur de l'hôpital ou à l'entrée de l'école, comme il a été procédé pendant longtemps, il est préférable de solliciter l'artiste au moment même de la programmation de l'équipement et de la définition de ses fonctions.

C'est une logique similaire qui doit déterminer la place de la culture dans la politique de la ville, non plus dernier volet ou annexe du contrat de ville, mais élément fédératif, à l'égal des autres, d'une action cohérente et ordonnée. Il s'agit alors non plus d'expérimenter, mais de généraliser, en concentrant des crédits nouveaux sur cette action, en l'inscrivant dans la durée, et en la globalisant au niveau des villes et des agglomérations, et pas seulement au niveau des quartiers à problèmes : équipements de proximité, connexion et mise en réseau des institutions et des équipes, formation des professionnels à la médiation... Un commentaire mérite d'être fait à ce sujet. Il est souvent dit que la construction des réseaux d'équipements culturels est achevée sur l'ensemble du territoire. Je ne suis pour ma part pas certain que cette assertion soit vérifiée dans toutes les zones péri-urbaines, et les équipements de centre-ville ne peuvent y suppléer. Encore faut-il, bien sûr, définir avec précision les types d'équipements nécessaires, et de toute façon adaptés à la réalité du quartier et de ses habitants.

La politique culturelle de la ville doit avoir pour objet de promouvoir la diversité culturelle. Les populations issues de l'immigration veulent à la fois s'intégrer et faire respecter leurs propres pratiques culturelles ou communautaires. Il s'agit donc non pas d'encourager un communautarisme fermé s'opposant aux valeurs des autres, mais d'admettre que l'intégration peut passer par des communautés : un double mouvement à la fois de décloisonnement et de reconnaissance est ainsi à engager. C'est du reste la raison pour laquelle j'ai souhaité que Monum, le Centre des Monuments Nationaux, devienne un acteur de la politique de la ville. Le patrimoine monumental de notre pays appartient aussi bien aux beurs des cités qu'aux jeunes vivant dans les beaux quartiers : soutenir la musique rap et sensibiliser au patrimoine procèdent en fait d'une même démarche, en dépit de leur opposition apparente.

La deuxième orientation concerne la formation au sens large, laquelle ne se réduit pas à l'éducation artistique des enfants et à la formation initiale des futurs professionnels. La culture s'acquiert, et le « choc » culturel, qu'il suffirait de provoquer par la rencontre entre l'œuvre et son admirateur est rare, s'il n'est pas préparé par l'apprentissage et la connaissance. Former, apprendre, sensibiliser, ce travail doit être réhabilité, ce qui implique de donner la priorité à l'éducation et de développer la fonction de médiation culturelle. Cette question du lien éducation-culture est fondamentale, et on ne peut que redire ici que l'ambitieux plan annoncé par les ministères de l'Education et de la Culture est à la mesure de l'enjeu, pour autant qu'il soit mis en œuvre de façon effective. Il s'agit en effet de garantir à terme, à chaque citoyen, une formation et une éducation artistiques à l'école, et de reconnaître le rôle de la sensibilité et de l'imaginaire dans une approche pédagogique globale. Toutefois cette fonction n'a aucune raison de s'arrêter à l'âge adulte, et devrait être poursuivie au-delà. N'est-il pas opportun, comme le remarque Patrick Bloche (1), « de permettre à chacun de suivre un parcours culturel personnel » ? Il serait intéressant à cet égard d'examiner si les mécanismes de la formation professionnelle, qui disposent de ressources non négligeables, pourraient être systématiquement sollicités à cet effet.

(1) Patrick Bloche opus déjà cité.

Le développement des pratiques amateurs, en plein essor comme on l'a vu, doit être encouragé. Deux problèmes se posent : les moyens consacrés à ces pratiques et le lien avec les activités artistiques professionnelles. Il faut mettre fin, une bonne foi pour toutes, à la coupure historique et à bien des égards préjudiciable entre le secteur culturel et le secteur socio-culturel et associatif. Cette idée, partagée par beaucoup d'observateurs ou de praticiens, n'a jamais été concrétisée en dépit de quelques rapports préconisant, par exemple, le rattachement du théâtre amateur au ministère de la Culture. Le ministère de la Jeunesse et des Sports disposant d'une administration propre et de services déconcentrés au plan régional et départemental, la question est demeurée en suspens.

En définitive, les solutions simples sont peut-être les meilleures. Tandis que le ministère des Sports garderait son autonomie, « la Jeunesse » serait en totalité rattachée au ministère de la Culture, avec notamment l'actuelle Direction de la Jeunesse et de l'Education Populaire. (1)

Les directions régionales et départementales de la Jeunesse et des Sports seraient ainsi placées sous la double tutelle des deux ministères des Sports et de la Culture. Cette proposition soulève bien entendu une série de questions, notamment celle du lien avec les directions régionales des affaires culturelles. Il est néanmoins tout à fait loisible de l'expérimenter, et d'évaluer ses résultats au bout d'une période qui pourrait être celle d'une législature.

Un autre problème surgit. Pour lutter contre les inégalités, ne conviendrait-il pas d'instaurer la gratuité d'accès à la culture ? Ne serait-ce pas l'ultime moyen de dépasser ces limites de la démocratisation culturelle contre

(1) Dans le nouveau gouvernement dirigé par Jean-Pierre Raffarin, cette Direction a été rattachée au ministère de l'Education Nationale.

lesquelles on bute ? Des mesures ont été prises à cette fin : la gratuité des musées et des monuments nationaux le premier dimanche de chaque mois, en basse saison. La ville de Paris a aussi décidé récemment la gratuité d'accès à ses musées. S'agissant des institutions nationales, les résultats en terme de fréquentation sont bons pour les musées et mitigés pour les monuments. La gratuité bénéficie-t-elle aux catégories sociales qui ne les fréquentent pas habituellement, ou bien à celles qui y ont déjà accès et en profitent d'autant plus grâce à l'effet d'aubaine ? Dans les monuments nationaux, la mesure n'a guère contribué à la diversification sociale des publics, du moins jusqu'à maintenant. Une autre objection peut être faite, qui ne relève pas seulement d'un réflexe gestionnaire. La culture a un coût, qu'elle soit gratuite ou pas. Si le consommateur ne paie pas, c'est la collectivité publique qui se substitue à lui. L'accroissement des dépenses publiques culturelles doit-il servir d'abord à lancer des actions nouvelles ciblées sur des objectifs précis, ou à généraliser la gratuité d'accès pour tous ?

De plus, si la culture est gratuite, c'est donc bien qu'elle est définitivement de l'ordre de l'inutile et du superficiel. Ce que l'on s'approprie n'est-ce pas aussi ce pour quoi l'on paie ? Enfin, instaurer la gratuité est quelque peu contradictoire avec la reconnaissance de la professionnalité de la production et de la diffusion culturelles. Créer une œuvre, dire un texte, interpréter une chanson ne sont pas le seul fait de génies ou de talents épanouis sans effort, mais aussi de métiers et de savoir-faire qui s'entretiennent et se développent. Est-il compréhensible pour une partie de l'opinion que d'un côté l'on plaide pour la gratuité des services publics, et de l'autre l'on défende la rémunération du droit d'auteur sur Internet ? Si la culture a un coût, elle en a un partout. Ceci n'exclut pas par ailleurs que la gratuité et des tarifs préférentiels soient accordés à des publics précis, comme c'est déjà largement le cas : chômeurs, handicapés, jeunes de moins de 18 ans, etc...

Par contre, les formules de chèque culture, qui ont pour objet de réduire les prix d'accès aux concerts, aux spectacles et aux expositions, n'encourent pas les mêmes interrogations, à condition que les modalités d'accès permettent d'en réserver le bénéfice aux jeunes et aux catégories sociales les moins favorisées.

Recherche : liaison

Il serait inexact de dire que les pouvoirs publics se sont désintéressés des industries culturelles. Ils disposent d'instruments juridiques et fiscaux, et ne se sont pas privés de les utiliser.

L'Etat a légiféré et réglementé : avec la loi sur le prix unique du livre pour garantir le pluralisme de la création et préserver le réseau des libraires, avec la loi sur les droits d'auteurs et les droits voisins, pour développer les droits moraux et patrimoniaux des créateurs, avec la loi sur les quotas de chansons françaises sur les ondes...

L'Etat a incité fiscalement : TVA à taux réduit sur les livres, réduction de la TVA sur le disque en 1988...

L'Etat a créé des mécanismes de financement et de régulation : avec le Centre National du Cinéma, avec le Centre National du Livre...

L'Etat a même en certains cas apporté des aides financières, directes ou indirectes pour soutenir les entreprises privées culturelles : à travers l'IFCIC, l'institut de Financement du Cinéma et des Industries Culturelles, ou à travers les aides à l'exportation du livre français ou francophone...

On pourrait multiplier les exemples. Il en reste que plus les industries culturelles se développent et s'internationalisent, plus les produits culturels imprègnent les pratiques culturelles des français et leur vie quotidienne, et moins les pouvoirs publics ont de prise sur ces processus de production et de diffusion de masse. On pourrait dire d'emblée qu'il n' y a lieu que de s'en réjouir, au nom de la liberté d'initiative de l'entreprise privée. Mais les industries culturelles sont les industries de l'imaginaire, et les biens culturels ne sont pas des marchandises comme les autres.

Les véritables prescripteurs sont les grands groupes privés, et l'Etat regarde passer les trains. L' « Etat » du reste est souvent une illusion, s'il s'agit d'évoquer son unicité : entre les ministères de l'Economie, de la Culture, de l'Industrie, des Affaires Etrangères, les points de vue ne sont pas toujours les mêmes, et la coordination est à la peine.

Or, il ne peut pas y avoir de politique culturelle au début du vingt et unième siècle sans prise en compte des industries culturelles. Autrement le danger existe d'avoir, sinon deux cultures, du moins deux types de secteurs séparés, l'un relevant de l'économie publique et l'autre relevant de l'économie privée sans lien entre eux, et surtout d'avoir deux types de public : celui, restreint, qui a accès aux institutions culturelles et à « l'élitisme pour tous », et celui baignant dans le flux des biens et services prodigués par les grands groupes privés, animés par une logique qui est d'abord financière. « Economie et culture, même combat », disait Jack Lang dans les années quatre-vingt. En reconnaissant l'importance et la légitimité des industries culturelles, il constituait le socle symbolique d'une réconciliation entre deux approches perçues jusqu'alors et à tort comme antagonistes. Plus que jamais, ce slogan prémonitoire reste d'actualité.

S'agit-il de prôner le retour de l'interventionnisme économique de l'Etat, avec sa batterie de contrôles et de subventions assorties d'éventuelles (re)nationalisations pour ceux qui se montreraient rétifs ? Cette objection à caractère polémique est dépassée. L'enjeu est de définir des synergies entre les secteurs public et privé, et de trouver les voies d'un essor des industries culturelles qui garantissent le pluralisme et la diversité culturelles, puisque la révolution numérique dans un contexte de mondialisation constitue un changement majeur.

Ce qui manque à l'Etat, en l'espèce au ministère de la Culture, c'est d'abord une vision globale de l'ensemble des industries culturelles et des relations avec les principaux acteurs. Son point de vue demeure là aussi sectoriel, la musique, le livre, le cinéma.., alors que les défis sont identiques. Chaque industrie a des demandes spécifiques (fiscalité, réglementation...), mais en l'absence d'une stratégie horizontale, l'Etat n'est pas en position d'avoir de grille de lecture propre, et les directions verticales du Ministère ont essentiellement pour rôle de répercuter et appuyer ces demandes auprès de l'instance politique.

Par voie de conséquence, l'action publique repose sur des principes et des modalités qui ont eu une efficacité certaine dans le passé, mais qui ont à présent vieilli. Le dispositif réglementaire est fondé sur les supports : le support papier pour la littérature, les salles pour le cinéma, le disque ou le CD pour la musique... L'important est aujourd'hui le contenu, l'œuvre elle-même, qui passe d'un support à un autre : la salle, la télévision, la banque de programmes, le site Internet, le CD Rom.., ou qui donne naissance aux produits multimédias, incorporant plusieurs types d'œuvres (musique, image, texte, peinture...).

L'Etat doit donc d'une part modifier ses structures administratives, pour jouer son rôle de stratège et d'incitateur, et d'autre part adapter sa réglementation aux évolutions technologiques. On peut légitimement hésiter à créer un service nouveau, qui viendrait se surajouter à ceux existant déjà. En l'occurrence cependant, l'enjeu est de taille et la mise en place d'une structure compétente sur l'ensemble du champ des industries culturelles paraît bel et bien indispensable pour donner à l'action publique une cohérence qu'elle n'a pas.

L'Etat doit de plus faciliter la maîtrise des nouvelles technologies par les citoyens, faute de quoi les inégalités culturelles qu'il combat d'un côté vont s'accroître de l' autre. En un mot, extension du domaine de la lutte.., puisque celle-ci n'est plus seulement géographique (zones rurales ou périurbaines), sociale (chômeurs, handicapés) ou générationnelle (les jeunes ou les personnes âgées) mais à présent aussi technologique.

Il doit également, plus que jamais, agir pour défendre la propriété intellectuelle et artistique. L'internaute vit dans la gratuité. La défense de la création passe par la juste rémunération des auteurs, des producteurs et des artistes, ainsi que par le respect de leur droit moral. L'adaptation des règles est souhaitable, mais aussi une véritable éducation du public aux enjeux que représente le droit d'auteur. Sans créateurs, plus de contenus, et sans contenus, plus d'industries...

Il est enfin difficile de parler des industries culturelles sans évoquer l'audiovisuel. La place de la culture y est faible, on le sait, mais pire encore, elle a tendance à s'y réduire davantage. La culture est présente dans les « niches », Radio-France notamment avec France-Culture, Arte, en partie France 3. Pour le reste, et par-delà le respect des cahiers de charges fixant des obligations quantitatives à la fois modestes et appliquées sans imagination, elle est le plus souvent absente ou reléguée aux heures où l'audience est la plus faible, audimat oblige... L'identité du service public audiovisuel n'est pas assez forte, et les modalités et le niveau de son financement n'expliquent pas tout. Le dossier du numérique hertzien n'apparaît pas bien engagé non plus. Pourtant l'effort public s'est accru ces dernières années : la part du financement public a augmenté, passant de 66% en 1997 à 77% en 2002, et la durée maximale des écrans publicitaires a été réduite de 12 à 8 minutes.

Il est plus facile de faire le constat des carences que de proposer des solutions porteuses de réels changements. Pour avoir été membre du conseil d'administration de France 3, chaîne publique qui n'est pas la plus à clouer au pilori au regard de sa grille de programmes et de sa part de marché, je mesure combien la logique financière, les contraintes industrielles et sociales, l'obsession de l'audience limitent au moins apparemment les marges de manœuvre, et combien aussi la préoccupation culturelle est de fait secondaire.

Une télévision de service public différente est-elle obligatoirement condamnée à voir ses courbes d'audience baisser dangereusement ? Cette évidence réputée incontournable, mais qui n'en est peut-être pas une, n'a-t-elle pas été intériorisée par les décideurs des chaînes, trop soucieux de damner le pion à leurs concurrents privés ?

Sans doute faut-il là aussi esquisser un nouveau pacte. A l'Etat, il appartient d'accroître les ressources par une redevance en augmentation raisonnable et de définir des cahiers des charges ou des contrats d'objectifs plus ciblés et plus sélectifs. En contrepartie il appartient aux responsables des chaînes de s'engager dans la voie d'une prise de risque progressive en faveur des programmes de qualité et à fort contenu culturel. Encore faut-il que ces responsables, aux différents niveaux, soient habités au plus profond d'eux-mêmes par l'exigence de culture, et par la conviction tenace que l'avenir de la télévision publique est en jeu à travers elle. Au bout du compte, rien ne se fera s'ils n'ont pas le sentiment que, sur les résultats obtenus en ce domaine, ils engagent leur responsabilité.

Une Europe, sinon rien !

A l'heure de la mondialisation, il n'est plus possible de penser la politique culturelle en termes seulement nationaux. L'Europe s'est construite par l'économie, et elle risque de ne plus être qu'un marché. La dimension culturelle de la construction européenne peut être de ce fait un facteur décisif d'un projet politique européen.

A une telle pétition de principe, beaucoup peuvent souscrire. Que de belles déclarations d'intention n'a-t-on pas entendu, qui affirment la priorité qu'il convient à présent de conférer à la culture ! Combien de fois n'en a-t-on pas appelé aux mânes de Jean Monnet, alors même que celui-ci n'aurait jamais prononcé la fameuse formule qu'on lui attribue : « Si l'on devait refaire l'Europe, il faudrait commencer par la culture » ?

La réalité, elle, celle des pratiques, des chiffres, des préoccupations concrètes, en est hélas fort éloignée.

J'ai participé à beaucoup de colloques et de rencontres où de vibrantes professions de foi étaient faites en faveur de l'Europe de la culture, au nom de son histoire tourmentée, de son génie propre, de sa vocation universelle. Kant, Spinoza, Victor Hugo, Stéphan Zweig.., il y a un esprit européen, une idée d'un continent uni, qui aurait toujours circulé à travers le temps, des universités médiévales au siècle des lumières, des moines d'autrefois aux intellectuels d'aujourd'hui en passant par les marchands de la Renaissance. Comme le dit Milan Kundera, « être européen, c'est avoir la nostalgie de l'Europe ».

L'Europe et la culture ? C'est un rendez-vous plusieurs fois reporté, tel est le triste constat, qu'avec bien d'autres plumes davantage autorisées, j'ai déjà eu l'occasion de formuler dans des écrits antérieurs. L'Europe culturelle reste à l'état de projet.

Dans le Traité de Rome, traité fondateur de la construction européenne, la culture était tout simplement exclue du champ de compétence communautaire. Seul l'article 36 du Traité évoquait la protection « des Trésors Nationaux ». Conséquence, entre autres, de cette absence, il fallut attendre 1984 pour que, à l'initiative de la France, soit tenu le premier Conseil Européen des ministres de la Culture.

Le Traité de Maastricht apporta du neuf. La culture devint une compétence communautaire. Un article lui est consacré, l'article 151. Mais l'Union Européenne n'agit dans ce domaine que selon le principe de subsidiarité - elle n'intervient que lorsque les Etats ne peuvent le faire eux-mêmes – et dans le respect de la règle de l'unanimité, c'est-à-dire accord préalable de tous les Etats membres sans exception.

Les moyens que l'Union Européenne consacre à la culture sont très faibles. Le programme Media Plus, qui soutient le cinéma et l'audiovisuel, dispose de quatre cent millions d'Euros sur cinq ans, et le programme culture 2000 cent-soixante-sept millions d'euros ; au total 0,1% du budget global... Ce n'est pas à dire que l'Union Européenne ne s'occupe pas de culture. Mais c'est la Direction de la Concurrence qui joue de fait le rôle principal et non pas le service en charge de la Culture, administration petite et finalement aussi marginalisée qu'un Ministère de la Culture national dans les années soixante-dix. Et la Direction de la Concurrence raisonne selon les principes d'ouverture des marchés, de libre concurrence, de déréglementation, et tente périodiquement de les appliquer au secteur culturel. C'est ainsi qu'elle menace de remettre en cause tantôt le prix unique du livre, tantôt les aides nationales au cinéma, tantôt le financement public de l'audiovisuel.

Pour construire l'Europe culturelle, il faut une volonté. Ceci impliquerait de mettre fin, pour les décisions communautaires, à la règle de l'unanimité, lourde et contraignante, au profit de la règle de la majorité qualifiée. Mais par crainte précisément que celle-ci ne permette des initiatives inspirées par la seule logique du marché et dangereuses pour la vie culturelle, la France, gouvernement comme professionnels, s'oppose à son application. C'est le paradoxe : la règle de l'unanimité préserve la culture, mais en même temps empêche d'aller de l'avant.

La culture est sortie de sa confidentialité européenne à l'occasion de la thématique de l'exception culturelle, et des échéances imposées par les négociations commerciales internationales. Du GATT (Accord Général sur les Tarifs Douaniers et le Commerce) au NTM (New Transatlantic Market), de l'AMI (Accord Multilatéral sur l'Investissement) aux « rounds » de l'OMC (Organisation Mondiale du Commerce), l'exception culturelle a été prise en compte par une partie non négligeable de l'opinion publique, parce qu'elle y a trouvé un terreau favorable, les craintes suscitées par une mondialisation sans régulation. Elle a été défendue avec efficacité par les professionnels, auteurs, producteurs, réalisateurs de films, artistes, et reprise à leur compte par les responsables politiques.

On peut malgré tout observer certaines limites. « L'exception culturelle » a été et reste populaire et consensuelle beaucoup plus en France que dans le reste de l'Europe, qui y est en bonne part indifférente, malgré une évolution progressive des esprits. La mobilisation des créateurs a été surtout le fait des secteurs cinématographiques et audiovisuels, sans pouvoir surmonter le cloisonnement des professions culturelles, les secteurs du spectacle vivant, des arts plastiques et du livre demeurant plutôt en position d'observateurs. Enfin, le thème de l'exception culturelle est essentiellement défensif, même si son fondement, tout à fait justifié, est davantage « anti-trust », le refus de l'abus de position dominante, que protectionniste *stricto sensu*. C'est d'ailleurs la raison pour laquelle le terme de diversité culturelle tend depuis quelque temps à compléter celui d'exception, voire à s'y substituer.

Pourquoi faut-il construire une Europe de la culture ? Pas seulement pour avoir des industries culturelles de taille mondiale, en mesure de rivaliser avec leurs concurrentes nord-américaines, mais aussi et surtout pour préserver les identités, et on ne peut laisser au seul marché le soin de sauvegarder les cultures et les langues. La situation est urgente : il y a un cinéma européen, c'est le cinéma... américain, qui dans tous les pays de l'Union Européenne capte la majorité du marché national et s'impose encore plus nettement dans les pays de l'Europe centrale et orientale, appelés pourtant à rejoindre l'Union Européenne prochainement.

Alors que faire ? S'unir pour mieux résister, et plaider pour un volontarisme partagé au niveau européen.

La culture peut être le ciment d'une Europe dotée d'un projet autre que celui de devenir une vaste zone de libre-échange sans ambition au plan mondial, et la France doit être résolument à l'avant-garde de ce mouvement.

Il s'agit à la fois de défendre la diversité culturelle et de forger une identité européenne, qui n'est point contradictoire avec les identités nationales, régionales et locales, puisque, aussi bien, chaque individu relève d'une pluralité d'appartenances, la famille, le groupe, la commune, la nation. L'identité n'est pas l'unicité. L'Europe est riche de sa diversité, de ses contrastes, de ses traditions philosophiques différentes. L'Europe, au cœur de cette dialectique entre l'universel et le particulier, n'est pleinement elle-même que lorsqu'elle déjoue le double piège de l'impérialisme culturel, qui n'est qu'une forme d'ethnocentrisme, et du repli sur soi, qui conduit au tribalisme.

L'Union Européenne doit à présent bâtir des politiques communes offensives. Dans le domaine du cinéma et de l'audiovisuel, cela signifie refonder progressivement les réglementations nationales pour les européaniser et créer un véritable marché intérieur.

Dans le domaine du budget de la culture, cela signifie changer d'échelle sur le plan des ressources financières. Quitte à passer pour immodeste, j'ai été l'un des premiers en France à plaider pour le 1% du budget communautaire consacré à la culture. Nous en sommes à 0,1%, il faut multiplier par 10... Là aussi, la revendication quantitative a une finalité : servir de vecteur de mobilisation.

Mais quelles sont les forces qui œuvrent pour l'Europe de la culture ? Au niveau institutionnel, ce sont surtout les ministres de la Culture qui plaident en ce sens, mais leur poids est limité, et ils ne sont pas toujours d'accord sur le rôle qu'il convient de conférer à l'intervention publique.

La seconde force est celle des réseaux culturels, formel ou informels. IEMT (Rencontre Informelle du Théâtre Européen), Trans Europe Halles, Banlieues d'Europe, Culturlink, Forum de réseaux culturels européens.., les acteurs de ces réseaux font et vivent l'Europe au quotidien. Plus que dans les politiques officielles d'échanges extérieurs, ils se reconnaissent dans la collaboration des équipes artistiques et la solidarité des projets interdisciplinaires par de-là les frontières. Il est tout à fait souhaitable que ces réseaux se développent et se multiplient, car ils sont le fer de lance du projet culturel européen. Leur influence reste cependant modérée, ce qui n'enlève rien à leur mérite.

L'internationalisation des groupes de communication, déjà forts sur leur marché national, peut aussi à certains égards contribuer à promouvoir l'unité culturelle de l'Europe.

Ceci étant, il faut reconnaître que nombre d'artistes et d'intellectuels, et en dépit des succès jusqu'ici enregistrés par les promoteurs de l'exception culturelle, sont encore peu sensibles à l'idée européenne elle-même (1). Sans doute faut-il y voir, dans une certaine mesure, les effets, dans le passé, de l'idéologie marxiste opposée à la construction d'une « Europe capitaliste », et dans le présent, des réflexes souverainistes, ou plus simplement du souci de préserver l'identité nationale et républicaine de la France.

La « société civile » de son côté, aujourd'hui réactive, dans de nombreux pays européens, à des thèmes nouveaux,

l'environnement, le développement durable, la qualité de la nourriture, les conséquences du progrès scientifique, ne s'est pas encore vraiment emparée du sujet culturel. C'est donc une nouvelle alliance qui doit voir le jour au moins en France, entre d'une part « la communauté artistique » et la société civile, dont les capacités d'entreprise doivent être mobilisées, et d'autre part l'action volontariste des pouvoirs publics, pour peser sur le cours des choses et enclencher la dynamique de l'Europe culturelle.

---

(1) Edgar Morin « Penser l'Europe » Gallimard 1987.

CONCLUSION

Jean Cocteau a dit : « L'avenir n'appartient à personne. Il n'y a pas de précurseurs. Il n'y a que des retardataires ». La vie culturelle d'aujourd'hui est en pleine mutation. La diversité des expériences, les dynamiques artistiques émergentes, le métissage des arts, ce qu'Adorno appelait « leur effrangement », attestent son foisonnement et son renouvellement. Certaines institutions culturelles sont attentives à cette nouvelle donne, d'autres demeurent à l'écart. La plupart paraissent trop coupées de la réalité sociale du pays.

Cette coupure ne saurait cependant conduire à en rabattre sur l'exigence de qualité artistique, sur cette « esthétique du divers » dont parlait Victor Segalen et qui est faite de la singularité des œuvres. Par contre, elle implique de relégitimer et relancer l'action de recherche et de conquête des publics, par un nouvel ancrage des institutions dans leur environnement de proximité, par des liens renoués avec la population.

Le projet de Monum était au cœur de cette préoccupation. Parce que le patrimoine fonde l'identité et cimente la mémoire, parce que les monuments peuvent devenir, non plus des lieux figés mais des espaces de médiation entre le passé et le futur, ce projet avait pour ambition de faire du réseau des monuments de l'Etat l'un des instruments privilégiés d'une politique culturelle renouvelée : pleinement en prise avec les enjeux de l'époque, porteuse de transversalité, soucieuse d'inscription dans les stratégies de développement territorial. Pleinement respectueuse aussi des missions fondamentales de mise en valeur du patrimoine, et en même temps dédiée à « l'hybridation », à tout ce qui établit des passerelles entre le patrimoine et la création, associe les milieux professionnels, mélange les publics.

Le patrimoine n'est pas seulement un objet de savoir et de « délectation » pour les tenants de la culture cultivée, ou bien une destination touristique. Il participe à la construction de la citoyenneté.

Il n'évoque pas seulement l'engloutissement des siècles, ou l'ombre portée de la mort, surgissant au basculement du temps. Il engage une réflexion sur le présent, ses leurres comme ses promesses. Un argument de fond autre que celui d'une opposition de principe à toute irruption de contemporain dans un espace ancien a-t-il été avancé par les opposants ? Non.

Le projet de Monum a été combattu parce qu'il est apparu comme la remise en cause d'un système clos. Il ne s'agissait pourtant ni de blesser ni de bousculer. L'ouverture, qui refonde dans la fidélité à la mémoire, a été confondue avec la subversion, qui éradique dans l'oubli de cette même mémoire. La France est ainsi faite, toujours en tension, toujours balançant entre le désir de projection et la tentation du refuge, cheminant entre confiance et inquiétude. La crainte actuelle d'une dilution de son identité induit la crispation et la controverse de Monum en est à sa façon une illustration.

Plutôt rester entre soi, raffermir les légitimités, visser les certitudes… Alors on allégua l'irrespect du patrimoine, alors on diabolisa les nouveaux venus, alors on en appela au sens commun et au bon goût… Regardez ce qu'ils font : du jaune à l'Hôtel de Sully, et du rock à Chambord ! Mais, d'une entreprise de dénigrement, qui sut solliciter la complicité politique dans un contexte préélectoral, on ne sort pas indemne. De la bouche de l'invective, la haine s'est échappée et court encore. Elle s'est portée sur des personnes. Sans état d'âme. Avec une sorte de jubilation mauvaise. Elle s'est portée sur des œuvres. Jeter sur celles-ci le discrédit n'est pas neutre. C'est la liberté de création qui est en cause, une fois de plus.

Le projet de Monum correspondait pourtant à une vraie attente : de la part d'un certain nombre d'acteurs du patrimoine, qui, s'ils se dévouent chaque jour, et profondément, à sa cause, pour autant ne cautionnent pas toujours son milieu, et ont manifesté leur intérêt pour une telle démarche d'ouverture ; de la part de nombre d'élus locaux, attachés à l'insertion des monuments dans leur territoire en vue de promouvoir le développement local ; de la part enfin de beaucoup d'artistes et de professionnels culturels, qui ont d'emblée compris l'importance du dialogue du patrimoine avec la création, et l'ont fait savoir. A tous ceux-là, ne va-t-il rester que le regret d'un espoir déçu ?

Au bout de moins de deux ans, les premiers résultats du projet étaient positifs, tandis que la gestion était en ordre.

C'est pourquoi la fin de l'aventure n'était en aucune façon inéluctable. Menée rondement − et sans doute la hâte a-t-elle suscité quelque incompréhension dans un milieu plus habitué à un autre tempo − elle était cependant de long terme. Selon Paul Valéry : « L'homme sait souvent ce qu'il fait, mais ne sait pas ce que fait ce qu'il fait ».

Pour perdurer, il lui a manqué en définitive un ministère de la Culture fort et ayant une vision claire et stratégique, un ministère lucide aussi, qui l'épaulât parce qu'il eût saisi l'urgence de conjuguer la continuité avec l'innovation.

En moins d'un demi-siècle, une administration culturelle s'est construite, et son bilan et son prestige sont à maints égards flatteurs, car elle a su impulser et accompagner le mouvement de développement culturel du pays. Mais aujourd'hui, cette administration est essoufflée − comme épuisée par le chemin accompli -, sans envie, et raidie sur ses corporatismes. Beaucoup de responsables culturels y compris au sein même du ministère, constatent à la fois l'insuffisance des moyens et l'inconsistance de la pensée en matière de politique culturelle. Dans un tel contexte, l'autorité politique ministérielle, lorsqu'elle n'a ni le temps ni le génie d'inventer un autre cours, est conduite à épouser le rythme de l'administration aux destinées desquelles elle préside en principe, et à assumer ses pesanteurs. Si elle n'a pas de conviction, nourrie par une analyse des changements en cours et dotée d'une politique de rebond, elle devient vite prisonnière des pressions de l'heure. Quelles que soient l'aura et la bonne volonté de son responsable, le ministère se retrouve alors sans gouvernail.

C'est dans une telle situation que le projet a chuté. Au lieu de répliquer à la diatribe, l'instance politique fit profil bas. A la place de la fermeté, elle afficha la faiblesse et procéda à des sacrifices.

A présent, il faut regarder devant soi. L'amertume est improductive. Le désenchantement incite à l'inaction.

Le sursaut est toujours possible. La relance de la politique culturelle passe par une attitude beaucoup plus imaginative à l'égard des formes contemporaines de la création et de leurs liens avec les problèmes sociaux et humains de notre temps, par la redéfinition des relations entre l'administration et les institutions culturelles, par le développement de synergies entre les secteurs public et privé – ce qui n'implique en aucune façon de renoncer à l'ambition du service public – enfin par l'européanisation résolue et assumée de certains pans de l'action publique.

Les mots clés sont : capacité d'écoute, volonté de réforme, mobilité, partenariat. Et quoiqu'il advienne un nouveau projet culturel suppose la radicalité, pour redonner leur part au rêve et à l'utopie. Radicalité des objectifs, de l'ambition, de l'exigence... C'est à cette condition que pourra être recueillie l'adhésion de tous.

***Collection* Questions Contemporaines**
dirigée par J.P. Chagnollaud, A. Forest, P. Muller,
B. Péquignot et D. Rolland

Chômage, exclusion, globalisation... Jamais les « questions contemporaines » n'ont été aussi nombreuses et aussi complexes à appréhender. Le pari de la collection « Questions contemporaines » est d'offrir un espace de réflexion et de débat à tous ceux, chercheurs, militants ou praticiens, qui osent penser autrement, exprimer des idées neuves et ouvrir de nouvelles pistes à la réflexion collective.

Dernières parutions

Françoise D'EAUBONNE, *L'homme de demain a-t-il un futur ?*, 2002.
Points CARDINAUX, *Manifeste pour l'égalité*, 2002.
Michel VERRET, *Sur une Europe intérieure...*, 2002.
J.C. BARBIER and E. VAN ZYL (eds), *Globalisation and the world of work*, 2002.
Nicole PÉRUISSET-FACHE, *Professeures, l'État c'est vous !*, 2002.
Bernard ROUX, *Le département évanoui ?*, 2002.
Emile USANNAZ, *La refondation du lien social*, 2002.
Joachim de DREUX-BRÉZÉ, *Concilier l'homme et le pouvoir, avec Bertrand de Jouvenel, Simone Weil et Henri Laborit*, 2002.
Jean-Luc BEQUIGNON, *Psychologues à la Protection Judiciaire de la Jeunesse*, 2002.
Jean-François VENNE, *Le lien social dans le modèle de l'individualisme privé. De chair et d'os*, 2002.
Paul ARIES, *Pour sauver la Terre : l'espèce humaine doit-elle disparaître ?*, 2002.
Michel AROUIMI, *L'apocalypse sur scène*, 2002.
Calixte BANIAFOUNA, *Vers une éradication du terrorisme universel ?*, 2002.
Vincent Sosthène FOUDA, *Notions de réussite et d'échec dans la filiation adoptive*, 2002.
Collectif Habitat Alternatif Social, *L'insertion durable, pratiques et conceptions*, 2002.
Robert DECOUT, *Chronique d'une élection bouleversante*, 2002.
Jean-Michel DESMARAIS, *Voter Chirac un cas de farce majeure*, 2002.
Alain REGUILLON, *Avenir de l'Europe : une convention pour quoi faire ?*, 2002

Achevé d'imprimer par Corlet Numérique - 14110 Condé-sur-Noireau
N° d'Imprimeur : 898234 - Juin 2019 - Imprimé en France